Gudrun Feltmann – v. Schroeder

WELPENTRAINING
mit Gudrun Feltmann
DER GUTE START

KOSMOS

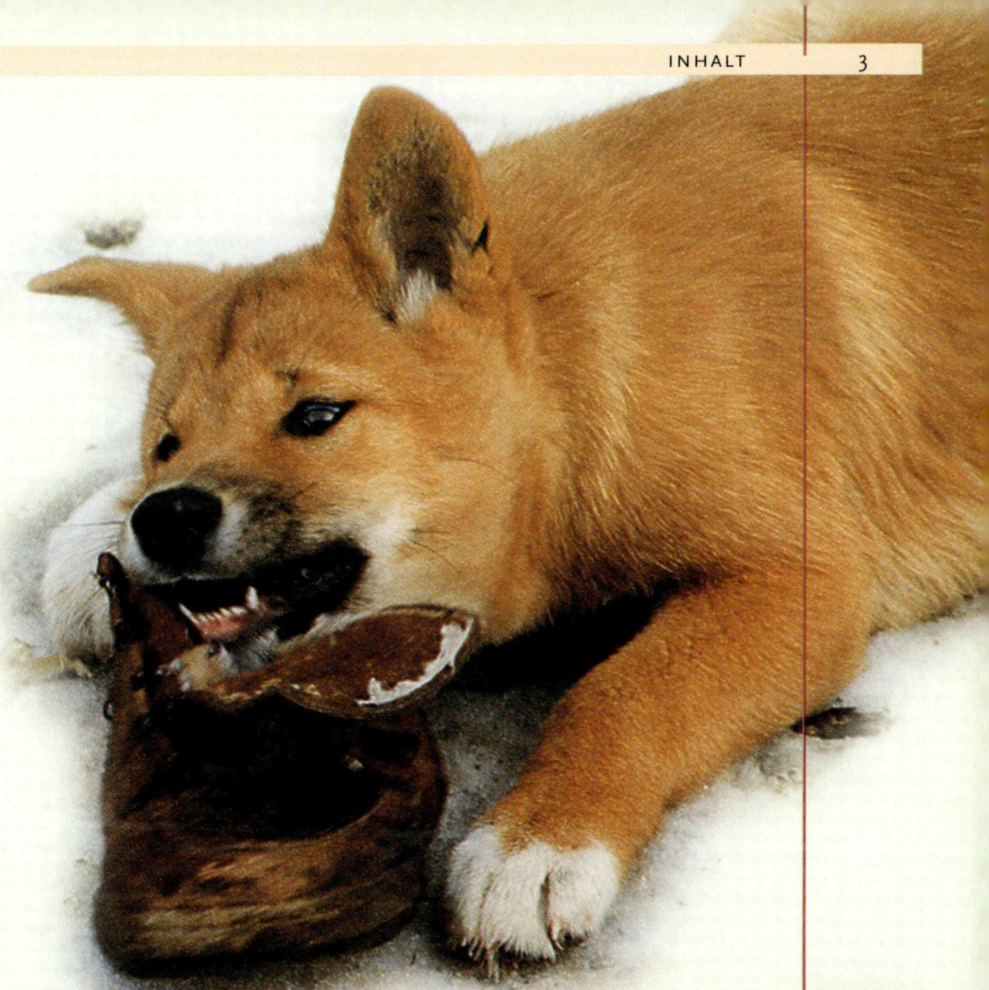

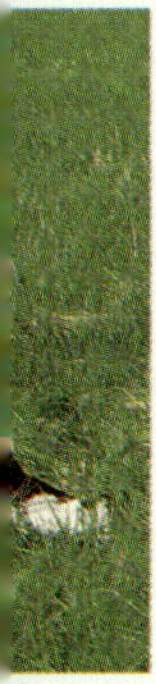

Unerwünschtes Verhalten des Hundes ▸ 101

Service ▸ 115

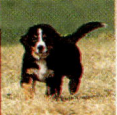

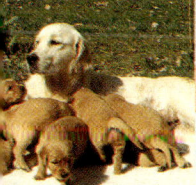

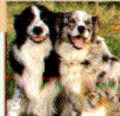

Geleitwort

Die gelungene Aufzucht und optimale Entwicklung eines Welpen sind die Grundvoraussetzungen für Gesundheit und Wohlbefinden eines Hundes.

Die Entwicklung des sozialen Verhaltens den Artgenossen gegenüber, die Bindung des Hundes an den Menschen, der Gehorsam und die Leistungsfähigkeit eines Hundes hängen maßgeblich von dem Einfühlungsvermögen und überlegten Umgang des Menschen mit dem Hund ab.

Geborgenheit, Geselligkeit und Vertrauen sind die Grundelemente, die jeder Hund für das Zusammenleben mit und von dem Menschen braucht. Nur dann wird er mit Eifer lernen. Zwangsmaßnahmen für die Erziehung werden hinfällig.

Mit diesem Buch können wir lernen, die Körpersprache des Hundes zu verstehen, wir können lernen, wie wir uns dem Hund verständlich machen und wie wir Autorität setzen, ohne Gewalt anwenden zu müssen. Auf diese Weise werden Probleme verhindert und Missverständnissen vorgebeugt, wie z.B. Zerren an der Leine, Ankläffen entgegenkommender Menschen oder Hunde, Schwierigkeiten im Umgang mit anderen Hunden oder Menschen, die meist Ausdruck von Rangordnungsproblemen sind, aber auch Ängstlichkeit und Aggression.

Es werden in eindrucksvoller Weise die Entwicklungsstadien des Hundes beschrieben, nicht nur in der Theorie, sondern ganz praktisch und konkret. Wir erfahren, was ein Welpe in welchem Alter schon lernen kann – und auch lernen muß. Viele Beispiele und präzise Anweisungen beantworten wichtige Fragen: Wie bekomme ich die Aufmerksamkeit des Hundes, wie wird mein Hund stubenrein, wie lernt er, allein zu bleiben, im Auto zu bleiben, an der Leine zu gehen, bei mir zu bleiben, auch wenn eine Ablenkung seine Aufmerksamkeit in Anspruch nimmt?

Überzeugend wird geschildert, wie man mit der Methode Feltmann das theoretische Wissen über den Hund so in die Praxis umsetzen kann, dass die Erziehung des Hundes individuell auf die Familie abgestimmt werden kann. Uns Tierärzten ist bekannt, dass die Entwicklung eines Hundes im ersten Jahr von tiefgreifender Bedeutung für seine Gesundheit ist. Fütterung und medizinische Aspekte sind wichtige Voraussetzungen, der Umgang mit dem heranwachsenden – und natürlich auch dem erwachsenen – Hund ist ebenso wichtig. Neben Verhaltensproblemen kennen wir viele Erkrankungen, die die Folge einer missglückten Haltung und des falschen Umgangs mit dem Hund sind.

In diesem Sinne wird dieses Buch zur Entwicklung gesunder, fröhlicher Hunde in Verbundenheit mit dem Menschen und durch den Menschen, beitragen.

Die meisten Anleitungen und Hinweise für das Training des Hundes im zweiten Teil des Buches gelten für erwachsene Hunde ebenso wie für heranwachsende. So wird auch der Besitzer eines bereits erwachsenen Hundes wertvolle Anregungen erfahren und darüber hinaus sein Wissen über die Entwicklung des Hundes und sein Verständnis für Training und Zusammenleben mit dem Hund wesentlich erweitern.

Zeil am Main, April 2000
Dr. med. vet. Barbara Rakow

Ein Welpe soll es sein

Ein Welpe soll es sein

Überlegungen vor dem Kauf

Nun ist also geplant, dass sich unser Haushalt um eine »Person« erweitern soll. Sie werden mich verbessern und sagen »um einen Hund«. Richtig! Dagegen ist nichts einzuwenden! Jedoch bestimmt ein Hund das Familienleben so bedeutend, dass er schon fast den Stellenwert einer Person einnimmt.

Wenn wir uns entscheiden, erstmals einen Hund in die Familie zu integrieren, bedarf es bereits sehr vieler Vorüberlegungen, die jedoch noch alle dem theoretischen Gedankengut angehören. Wir haben Bücher gelesen, wir haben mit Bekannten und Verwandten gesprochen und wir haben uns mit Hundebesitzern unterhalten. Nach meiner Erfahrung herrscht nun große Verwirrung bei dem werdenden Hundehalter, da er so viele unterschiedliche Meinungen gehört und gelesen hat.

Von links:
Der deutsche Schäferhund, ein vielseitiger und anpassungsfähiger Hund.
Der Kleine Münsterländer, ein selbstbewusster, lebhafter Jagdhund; der Border Terrier, klein und pfiffig.
Der Bernhardiner, beeindruckend in seiner Größe, überaus wachsam und dominant.

▸ **Was für ein Hund soll es sein?**
Die Frage, was für ein Hund es sein soll, ein Rasse- oder Mischlingshund, ein großer oder ein kleiner Hund, ein lang- oder kurzhaariger Hund, ist äußerst schwierig zu beantworten. Es muss wohl überlegt sein, welche Aufgaben unser Hund erfüllen soll und ob der in Erwägung gezogene Hund dafür auch geeignet ist. Hier helfen die Rassehundeenzyklopädien, die eine gute Übersicht über die Rassen und die entsprechenden Eigenschaften der einzelnen Hunderasse geben.

▸ **Wo bekommen wir einen Welpen her ?**
Diese Frage ist einfacher zu beantworten. Ob wir einen Rasse- oder Mischlingshund wählen, ist eine persönliche Entscheidung. Wichtig für diesen Entschluss ist, dass wir den Welpen nicht »unbesehen« übernehmen. Was heißt das? Zunächst sollten wir uns den Züchter gut überlegt aussuchen und mit ihm

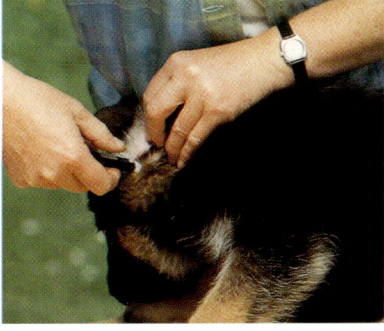

**Golden Retriever-
hündin mit ihren
Mischlingswelpen
(4 Wochen)**

**Vergnügt spielende
Welpen**

**Die tägliche Körper-
pflege festigt die
Bindung zum
Menschen.**

in Kontakt treten. Jeder, sowohl der Züchter als auch wir als Hundekäufer, muss sich ein Bild vom anderen machen. Der Züchter wird entscheiden, ob er uns einen Hund anvertrauen kann, und wir müssen ein gutes Gefühl haben, aus dieser Zucht einen Hund zu wollen.

Welche Kriterien sollten für uns als Käufer eines Welpen erfüllt sein?

▶ Wir müssen die Mutter der Welpen mit den Welpen zusammen sehen können.

▶ Es muss für uns die Möglichkeit bestehen, wenn wir es wollen, den Vater der Welpen kennen zu lernen oder Kontakt mit dem Besitzer des Welpenvaters aufnehmen zu können. Der Welpenvater ist meist nicht im Besitz des Züchters.

▶ Die Welpen sollten vergnügt und ausgelassen spielen und freudig mit uns Kontakt aufnehmen.

▶ Wir sollten den Züchter häufiger besuchen, jedoch mindestens zweimal, bevor wir einen Welpen übernehmen. Dann erst können wir entscheiden, ob alle Tiere wohlauf sind.

Ein verantwortungsbewusster Züchter hat mit viel Liebe und Pflichtbewusstsein seine Welpen groß gezogen, gepflegt, gefördert und für die Übergabe an uns, also für uns persönlich, vorbereitet.

Wir übernehmen mit einem so liebevoll aufgezogenen und gepflegten Welpen nicht nur einen Hund, sondern auch einen Teil der emotionalen Zuwendung des Züchters, die der kleine Welpe in dieser Zeit von ihm erfah-

Die liebevolle Zuwendung des Züchters ist ein Geschenk für den Welpenkäufer.

Übernehmen wir den Welpen erst im Alter von 12 Wochen, so müssten wir sicher sein, dass sich der Züchter mit jedem Welpen einzeln bereits jeden Tag sinnvoll beschäftigt hat. Der kleine Hund muss in dieser Zeit lernen, dass auch der Mensch für sein Leben eine wichtige Rolle spielt.

Überlassen wir die kleinen Welpen nur sich selbst, so haben diese bestimmt viel Lebensfreude, aber die Beziehung zum Menschen wird zur Nebensache, eine nette Abwechslung für »zwischendurch«! Aber gerade in dieser intensiven Lernzeit des Hundes sollte der Mensch an Bedeutung gewinnen, statt eine angenehme »Abwechslung« zu bleiben.

ren durfte. Dies ist ein Geschenk des Züchters, das mit nichts zu bezahlen ist!

Wenn wir diese Kriterien berücksichtigen, laufen wir keine Gefahr, einem Hundehändler in die Fänge zu geraten. Der Welpenkäufer bereitet dem Händler das »Bett«! Solange der Welpenkäufer beim Händler kauft, solange können diese ihr Unwesen mit den Hunden treiben!

▶ **Wie alt soll der Hund sein?**
Die dritte Frage bezieht sich auf das Alter des Welpen. Wie alt sollte der Hund bei der Übernahme sein?

Im Allgemeinen sollten die Welpen nicht jünger als 7 Wochen und nicht älter als 12 Wochen sein. Hierbei halte ich das Alter von 7 Wochen für sehr früh, da die Impfungen zumeist erst zwischen der 7. und 8. Woche erfolgen. Einem Welpen sollte nicht sofort nach der Impfung, die ihn natürlich belastet, auch noch ein Lebensraumwechsel zugemutet werden.

Die Integration in die menschliche Gemeinschaft

▶ **Fragen zur Eingliederung**
Ich möchte hier kein Rezeptbuch geben, wie der kleine Welpe in die Lebensgemeinschaft »Mensch« integriert werden sollte. Jeder Hundehalter wird andere Vorstellungen haben. Sowohl der Besitzer wie auch der Hund sind Persönlichkeiten mit für sie typischen Merkmalen. Was dem einen gefällt, ist vielleicht für den anderen unerträglich. Für uns ist wichtig zu wissen, wie wir gemeinsam mit unserem neuen Hausgenossen unser Leben gestalten wollen. Dies allerdings sollten wir schon entschieden haben, bevor wir den kleinen Welpen ins Haus nehmen.

Versuchen wir aber bei allen Überlegungen immer zu bedenken, dass wir mit unserem Hund ein gemeinsames Leben führen möchten und von daher der Lebensraum nicht zu sehr eingeengt werden darf. Den Garten genießt der Hund genauso wie wir, nur hat er eine andere Art, sich darin wohl zu

12 wichtige Fragen vorab

Wie viel Zeit brauche ich für meinen Hund?

Wo soll mein Hund schlafen?

Wo soll mein Hund bleiben, wenn er einmal allein sein muss?

Wer kann meinen Hund pflegen, falls ich dazu außerstande bin?

Wo soll sich mein Hund versäubern?

Wo soll mein Hund seinen Futterplatz haben?

Wo soll mein Hund im Auto liegen?

Wann kann ich meinen Hund alleine im Auto lassen ?

Darf sich mein Hund in allen Räumen des Wohnbereiches aufhalten?

Wie lange darf ich mit meinem Welpen spazieren gehen?

Wie lange darf mein Welpe mit anderen Hunden spielen?

In welchem Alter kann ich mit meinem Welpen in die Stadt gehen?

fühlen. Wenn wir den Hund über Verbote nicht zu sehr einschränken wollen, dann grenzen wir einen Teil unseres Gartens ein, damit der junge Hund dort erst gar nichts anstellen kann. Er wird nicht begreifen, dass wir z.B. unsere Rosenstöcke als Zierde lieben, wohingegen er sie für eine gute Beute hält, die er ausgraben, an der er unbedingt ziehen, zerren und wenigstens die Zweige oder Blüten abbeißen kann.

Ähnliches gilt für unsere Wohnung. Unser Hund benützt die Blumentöpfe zum Spielen, so, als seien sie extra dafür hingestellt worden. Wir hingegen freuen uns am Anblick unserer schönen Topfpflanzen. Wenn wir unsere Zimmerpflanzen schonen wollen, lassen wir unseren Hund eben nicht ohne Aufsicht in diesen Raum. Vieles, was unseren kleinen Welpen jetzt beeindruckt und zum Spielen animiert, lässt er später ganz von selbst.

Häufig lohnt es sich deshalb, bestimmte Dinge, die der Hund nicht zum Spielen verwenden soll, einfach für die Jugendzeit des Hundes wegzustellen. Später wird er dafür kein Interesse mehr zeigen.

Die Eingliederung des Welpen

1. WIE VIEL ZEIT BRAUCHE ICH FÜR MEINEN HUND? ▶ Unsere Hunde sind Tiere, die in engen sozialen Verbänden leben. Dieses Wissen wird jede unserer Entscheidungen beeinflussen. Ich halte es für außerordentlich wichtig, dem kleinen Welpen die für ihn lebensnotwendige Geborgenheit, Geselligkeit und tiefes Vertrauen zu gewähren. Das bedeutet, dass wir in den ersten Wochen, die der Hund bei uns lebt, auch für ihn gegenwärtig sein sollten, wobei große Spaziergänge aus verschiedenen, noch zu nennenden Gründen zu vermeiden sind.

Einer der Gründe ist, dass der Welpe noch nicht gelernt hat, mit seiner Umwelt umzugehen. Er wird ständig irgendetwas aufnehmen, kauen oder fressen. Dies können wir nicht zulassen und müssten nun immer wieder auf unseren Hund negativ einwirken. Dieses Verhalten wird wiederum der Hund nicht verstehen, so dass viele Missverständnisse entstehen, die später zu großen Problemen führen können. In erster Linie wird mit unseren sich wiederholenden negativen Einwirkungen die Vertrauensbasis zwischen uns und unserem Hund tief erschüttert. Wir sollten stattdessen mit unserem Hund im Garten oder auf einer großen Wiese spielen. Wir verstecken ihm z.B. sein Spielzeug und lassen ihn dieses suchen, oder verstecken uns selbst und rufen den Hund aus dem Versteck. Auf diese Weise wird sich unser Hund freudig und fest an uns binden, so dass Vertrauen entsteht und eine innere Bindung zwischen uns und unserem Hund wächst, die für ein ganzes Leben hält und für uns unvergesslich bleibt.

Wir erkennen, dass die sinnvolle Beschäftigung mit unserem Hund in den ersten Lebensmonaten von größter Bedeutung für die Entwicklung einer stabilen und vertrauensvollen Bindung zu uns Menschen ist. Dafür sollten wir uns Zeit nehmen, es lohnt sich.

2. WO SOLL MEIN HUND SCHLAFEN?

▶   Dies ist eine Frage, die jeder für sich beantworten muss. Wir haben unseren Hund aus seinem Geschwisterverband und von seiner Mutter weggeholt, nun soll er sich bei uns eingewöhnen. Wir erschweren ihm die Umstellung ungeheuer, wenn wir ihn sofort isolieren, damit er lernt, allein zu schlafen. So schaffen wir Probleme, statt sie zu verhindern.

Ich denke, die Eingewöhnung geht um vieles leichter, wenn wir unseren Hund in den ersten Tagen in unserer Nähe schlafen lassen. Ich löste diese Frage bei den vielen Welpen, die ich schon großgezogen habe, wie folgt:

Wenn ich zu Bett ging, durfte der Welpe in einer ganz gewöhnlichen Holzkiste, die mit Zeitungspapier und einer Decke ausgelegt war, neben meinem Bett schlafen. Nach kurzen »Ausbruchversuchen« rollte sich der Welpe zufrieden in seiner Kiste zusammen und schlief ein. Wurde er gegen Morgen unruhig, nahm ich ihn liebevoll auf den Arm und trug ihn in den Garten. Dort versäuberte er sich und schlief anschließend in seiner Kiste weiter, bis ich aufstand.

Entgegen aller Voraussagen waren alle meine Welpen bereit, nach etwa 3 bis 4 Wochen in dem für sie vorgesehenen Raum allein, ohne zu jammern, zu schlafen. In dieser Zeit hatten sie sich eingelebt, sie kannten alle Räume, alle Gerüche, es war für sie nichts mehr fremd. Auf diese Weise hatte ich das »Verlassensein«, das durch die Trennung von den Geschwistern und der Mutter entstanden war, überbrückt. Jetzt fühlte der Welpe sich in seinem neuen Zuhause geborgen und wusste, dass er nicht alleine war, auch wenn sein Mensch sich nicht direkt in seiner Nähe befand. Sein angeborenes Bedürfnis nach Geborgenheit und Geselligkeit war somit zufrieden gestellt.

Dieses In-einem-Raum-Schlafen

zeigte zusätzlich noch andere positive Ergebnisse: Der Hund lernte sich zu melden, sobald er sich versäubern musste. Weiterhin gewöhnte er sich daran, ruhig neben meinem Bett zu schlafen – dies erwies sich als praktisch, wenn ich ihn später im Hotel dabei hatte. Er geisterte nicht herum und knabberte auch nicht die Möbel oder Teppiche an.

Nahm ich den Welpen zu Freunden oder Bekannten mit, lag er brav auf seiner Decke neben meinem Sitzplatz. Ich brauchte keine Sorgen zu haben, dass mein kleiner Hund sich irgendwo »unschicklich« benahm, z. B. die Teppichfransen abbiss oder in der Küche den Mülleimer ausleerte.

Ging ich für die Impfung zum Tierarzt, legte ich ihm seine Decke auf den Untersuchungstisch. Sofort fühlte sich der kleine Welpe sicher und ließ sich problemlos untersuchen und impfen.

3. WO SOLL MEIN HUND BLEIBEN, WENN ER EINMAL ALLEIN SEIN MUSS? ▶ Zunächst sollten wir unseren kleinen Welpen nicht alleine zu Hause lassen. Er braucht, wie schon gesagt, unsere Gegenwart, unsere Gesellschaft. Für einen Welpen ist es nicht nur absurd, alleine zu sein, sondern lebensbedrohend. Der kleine Hund kann nicht wissen, dass in unserer Wohnung kein »Feind« sitzt, der ihm nach dem Leben trachtet.

Anfänglich wird uns der Hund auf Schritt und Tritt nachfolgen. Selbst wenn es uns lästig wird: Freuen wir uns daran, dass unser Hund ohne uns nicht »leben« will. Wird der Hund mit etwa 4 bis 5 Monaten selbständiger, müssen wir nicht mehr ständig parat sein. Diese übergroße Anhänglichkeit verliert sich

mit dem wachsenden Selbstbewusstsein des Hundes ganz von allein.

Das Alleinbleiben müssen wir mit sehr viel Einfühlungsvermögen langsam aufbauen. Wir fangen etwa im Alter von 3 Monaten in kleinen Schritten damit an. Zunächst gehen wir mit dem Hund in ein ihm bekanntes Zimmer, legen ein Kleidungsstück von uns dazu oder stellen seine Schlafkiste hinein und sagen unserem kleinen Zögling, dass wir jetzt weggehen und er allein bleiben muss. Wir verlassen den Raum und schließen die Tür hinter uns. Wir warten ein bis zwei Minuten, gehen wieder hinein und freuen uns mit unserem Hund, dass er so brav alleingeblieben ist. Jetzt gibt es ein kleines Spiel im Garten oder einen kleinen, symbolischen Spaziergang. Wir wiederholen diese Zeremonie gleich noch einmal, so dass der Hund erkennen kann, dass er bei dieser Zeremonie allein bleiben soll. Wichtig ist es, nicht lobend hineinzugehen, wenn der Kleine winselt, bellt oder gar an der Tür kratzt. In diesem Falle warten wir eine kurze Weile und gehen sofort hinein, wenn der Hund still ist. Dann folgt, wie schon beschrieben, ein Spiel oder ein kleiner Spaziergang.

Ist er für 1 bis 2 Minuten friedlich, so steigern wir die Zeit des Alleinseins auf 3 bis 4 Minuten. Wir wiederholen die Übung mehrmals am Tag und verhalten uns immer gleich. Der Hund soll an unserem Verhalten bereits erkennen, was wir von ihm verlangen werden. So kann er sich auf das Alleinbleiben vorbereiten und wird sich vielleicht nicht »jubelnd« in die von ihm geforderte Situation fügen, aber er kann unser Verhalten einschätzen und erhält somit Sicherheit.

Allmählich verlängern wir die Zeit

des Alleinbleibens mit dem Ziel, dass unser Hund nicht in Panik gerät. Er wird bald verstanden haben, dass wir bestimmt wiederkommen.

Der Welpe sollte jedoch immer in dem Raum alleingelassen werden, wo er es gelernt hat. In diesem Raum konnte er die Erfahrung machen, dass ihm nichts passiert, und wird sich geborgen fühlen. Außerdem haben wir sicher für diesen Zweck ein Zimmer gewählt, in dem der kleine Hund nichts »anstellen« kann.

4. WER KANN MEINEN HUND PFLEGEN, FALLS ICH DAZU AUSSERSTANDE BIN? ▶

Haben wir eine große Familie, wird sich immer ein Familienmitglied finden, das den Hund in unserer Abwesenheit versorgen kann. Ist diese Möglichkeit nicht vorhanden, so sollten wir, bevor wir uns für einen Hund entscheiden, abgeklärt haben, wer im Notfall unseren Hund in Pflege nehmen kann. Dies muss mit dem Hund vorbereitet werden, damit er im Ernstfall seinen Betreuer schon kennt und sich ihm vertrauensvoll zuwenden kann. Auf diese Weise wird unserem Hund die vorübergehende Trennung sehr erleichtert.

5. WO SOLL SICH MEIN HUND VERSÄUBERN? ▶

Es ist gut, wenn der Hund im Garten einen festen Platz hat, an dem er sich versäubern kann. Zu dieser Stelle sollten wir ihn zunächst immer hinführen. Es dauert nicht lange, bis der kleine Welpe begriffen hat, was er dort tun soll. Wir sagen ihm dabei z.B. »Mach schön!« und loben ihn dann ausgiebig, wenn er gemacht hat. Diese Mühe lohnt sich, da wir unserem Hund später, z.B. im

Urlaub, mit dem Hörzeichen »Mach schön!« sagen können, was wir von ihm wollen und somit auch im Urlaub einen geeigneten Ort für die Bedürfnisse unseres Hundes festlegen können.

Ist unser Hund älter, so wird er unseren Garten zum Versäubern nicht mehr benötigen, da er länger durchhalten kann. Er wird bei genügender Möglichkeit seine Geschäfte auf den Spaziergängen erledigen, so dass sich unser Garten wieder erholen kann. Um Missverständnissen vorzubeugen, möchte ich bemerken, dass unsere Hunde keine »Stadtrand-Siedlungsläufer« sind. Sie müssen täglich die Gelegenheit haben, sich im Grünen bewegen zu können.

6. WO SOLL MEIN HUND SEINEN FUTTERPLATZ HABEN? ▶

Auch hier bewährt es sich, wenn der Hund eine bestimmte Ordnung hat. Wo wir unseren Hund füttern, bestimmen wir. Der Futterplatz sollte jedoch festgelegt sein, damit der Hund lernt, nur dort zu fressen und nicht überall, wo er etwas findet.

Hier ist von größter Bedeutung, dass unser Hund sein Futter weder gegen uns noch gegen ein anderes Familienmitglied verteidigt.

Wir sollten eine Verteidigung nie

Noch nagen die beiden Bearded Collies (6 Wochen) friedlich an ihrer Beute.

zulassen, auch wenn wir es noch so toll finden, dass der kleine Kerl schon so viel »Charakter« hat. Es ist allerdings eine Frage des Zeitpunktes, wann und wie wir korrigierend eingreifen, falls der kleine Hund seine Beute verteidigt. So habe ich in meiner Welpenstudie herausgefunden, dass manche Welpen im Alter von 9 Wochen ihr Futter gegen ihre Menschen verteidigen, es aber im Alter von 12 Wochen von ganz alleine lassen. Dies scheint dann der Fall zu sein, wenn sich der junge Hund in seiner Umgebung eingelebt, Vertrauen zu seinem Menschen gefasst hat und es gefestigt ist. Er hat es dann nicht mehr nötig zu verteidigen. Wir Menschen sollten daher unseren Welpen bis etwa zur 12. Lebenswoche am Futter nicht provozieren. Er soll möglichst nicht in die Situation kommen, über das Knurren mitteilen zu müssen, dass es sich um *sein* Futter handelt.

Gibt sich die Verteidigung der Beute allerdings bis spätestens zur 12. Lebenswoche nicht, müssen wir eingreifen. Die Futterverteidigung könnte sich zu einer zwanghaften Verhaltensweise entwickeln und somit ein echter Störfaktor im Zusammenleben mit dem Menschen werden.

Die Frage ist, wie wir eingreifen. Wir müssen die Beutesituation vorbereiten. Dazu sollten wir unserem Welpen zunächst ohne Bezug zur Beutesituation präventiv das Geschirr mit der daran befestigten Leine anlegen. Somit können wir verhindern, dass sich der kleine Welpe mit seiner Beute aus dem Staube macht oder uns attackiert.

Erst nach diesen vorbeugenden Maßnahmen geben wir ihm eine für ihn äußerst begehrenswerte Beute und warten, bis er genüsslich frisst. Erst jetzt gehen wir zu ihm und teilen ihm mit, dass wir das Futter noch einmal wegnehmen müssen. Lässt er es geschehen, ist alles in Ordnung, und er wird gelobt.

Lässt er es nicht zu, fassen wir ihn trotz des Knurrens an. Dazu führen wir unseren Arm über den Nacken und legen die Hand in den Kehlenbereich. Wir verhalten uns dabei ganz ruhig. Versucht er zu schnappen, greifen wir mit der schon am Hals liegenden Hand ins Fell und halten ihn ruhig fest. Sowie er sich beruhigt, berühren oder fassen wir mit der freien Hand die Beute. Knurrt der Hund, überhören wir das geflissentlich und betrachten uns ruhig seine Beute weiterhin. Respektiert uns der kleine Hund und hört auf zu knurren, lassen wir ihn langsam los, gehen ganz ruhig von ihm weg, warten kurz, um dann wieder ruhig auf ihn zuzugehen. Knurrt er wieder, wiederholen wir den Vorgang, knurrt er nicht, loben wir ihn und greifen an die Beute, die er aber nicht weggenommen bekommt. Sollte er abermals knurren, müssen wir den Ablauf ein drittes Mal wiederholen.

1 Wir gehen freundlich zum Hund und fassen ihn an.

2 Wir greifen unter den Hals ...

3 ... und warten bis der Hund sitzt.

4 Wir sprechen liebevoll mit dem Hund und halten die Beute, ohne daran zu ziehen.

5 Der Hund überlässt seinem Menschen die Beute.

6 Er kann entspannt neben der Beute liegen.

Diese Art der Korrektur, die unsere Sicherheit und Unbeirrbarkeit zum Ausdruck bringt, ist für den Hund verständlich und verunsichert ihn nicht. Er wird spätestens nach der dritten Wiederholung verstanden haben, dass eine Verteidigung der Beute unnötig ist. Dabei lernt er über die gezeigte überlegene Ruhe seines Menschen, ihn zu achten und zu respektieren.

Wir müssen bedenken, dass es unter Hunden legitim ist, wenn es um Futter geht, auch als Rangniedriger den ranghöheren Hund anzuknurren. Der Ranghohe wird dies ohne Weiteres akzeptieren. Wir haben allerdings manchmal den Fall, dass der im Rang tiefer stehende Hund zu viel Respekt vor dem ranghohen Hund hat und deshalb, ohne zu zögern, sofort sein Futter fallen lässt oder aufhört, aus der Futterschüssel zu fressen. Er hat jetzt keine Zeit zu fressen, weil er seinem »überlegenen« Hund Respekt zeigen muss. Er kann also nicht gleichzeitig fressen und Respekt zeigen. Geht der Überlegene von dem Welpen weg, wird er mit Vergnügen weiterfressen.

7. WO SOLL MEIN HUND IM AUTO LIEGEN? ▶ Es hat sich bewährt, den Hund daran zu gewöhnen, am Boden vor dem Beifahrersitz zu liegen. Da hat er eine kleine »Höhle« und kann sich deshalb sicher fühlen.

Zunächst legen wir ihn an diesem Platz auf ein Kleidungsstück von uns oder auf seine Schlafdecke. Wir erinnern uns, dass wir ein Kleidungsstück von uns oder die Schlafdecke des Hundes schon für das Alleinbleiben zu Hause verwendet haben. Wir wollen unserem Hund damit Geborgenheit vermitteln. Dann setzen wir uns ans

Aufmerksam verweilt die Russische Husky Hündin (18 Wochen) auch bei geöffneter Tür.

Steuer, fahren aber nicht. Bleibt der Hund dort ruhig liegen, loben wir ihn und spielen anschließend zur Belohnung mit ihm. Hat er begriffen, dass er immer, wenn wir ihn in das Auto setzen, an diesem Platz liegen soll, stellen wir erstmals den Motor an, fahren aber nicht los. Bleibt der Hund ruhig, fahren wir ein paar Meter. Dies üben wir, bis der Hund weiß: Im Auto muss er, ob wir fahren oder stehen, an seinem Platz liegen bleiben.

Er wird, da wir es langsam Schritt für Schritt aufgebaut haben, nicht nervös hecheln und auch nicht jedes Mal, wenn er ins Auto muss, erbrechen.

Ein weiterer Vorteil, den Hund an diesen Platz im Auto zu gewöhnen, liegt darin, dass der Hund gar nicht erst lernt, während der Fahrt über die Sitze zu springen oder, wenn er draußen etwas sieht, zu bellen. Ganz zu schweigen von dem Schmutz, der uns erspart bleibt, wenn der Hund in seiner kleinen Höhle liegt.

Wächst der Hund heran, und reicht der Platz nicht mehr aus, bedeutet es nur eine Kleinigkeit, den Hund an einen anderen Platz im Auto zu gewöhnen. Da er als Welpe gelernt hat, sich ruhig zu verhalten, wird er sich schnell umgewöhnen und ebenfalls ganz »brav« sein.

8. WANN KANN ICH MEINEN HUND ALLEINE IM AUTO LASSEN? ▸ Hier
gelten die gleichen Regeln wie beim Alleinbleiben. Wenn wir möchten, dass unser Hund sich auch dann, wenn er alleine im Auto bleiben muss, geborgen fühlt, müssen wir dies so vorbereiten, wie ich es schon beim Alleinbleiben im Haus beschrieben habe. Es geht beim Alleinbleiben immer darum,

dass der Hund durch das »Verlassensein« nicht in Panik gerät und Angst um sein Leben haben muss. Geben wir dem Hund Geborgenheit über die ihm vertraute Decke oder einem Kleidungsstück von uns und bauen die Dauer des Alleinseins langsam auf, so wird der Hund in der Geborgenheit und dem Vertrauen zu seinem Menschen seine »Verlassenheit« akzeptieren können. Glücklich in der Einsamkeit wird er allerdings nie sein.

9. DARF SICH MEIN HUND IN ALLEN RÄUMEN DES WOHNBEREICHS AUFHALTEN? ▸ In welchen Räumen unseres Wohnbereichs sich der Hund aufhalten darf, bestimmen wir. Damit wir anfänglich unserem kleinen Welpen nicht zu viele Verbote erteilen müssen, schließen wir die Räume, in denen er sich nicht aufhalten soll. Wir sollten den Lebensraum jedoch so wenig wie möglich einengen, wenngleich wir unserem Hund auch nicht alle Räume unkontrolliert als »Spielplatz« zur Verfügung stellen können.

10. WIE LANGE DARF ICH MIT MEINEM WELPEN SPAZIEREN GEHEN? ▸ Gleich zu Beginn möchte ich bemerken, dass Welpe nicht gleich Welpe ist. Wir haben es mit großen Hunden, z.B. Deutscher Schäferhund, und ebenso mit sehr kleinen Hunden, z.B. Dackeln zu tun. Wir haben behäbige Rassen, z.B. Bernhardiner, und sehr leichtfüßige Hunde wie z.B. Border Collies. Diese Unterschiede sind natürlich auch schon im Welpenalter deutlich zu erkennen.

Grundsätzlich müssen wir wissen, dass das Knochengerüst des Welpen

Oben: Im Spiel werden die sozialen Verhaltensweisen geübt. Belgische Schäferhündin (4 Jahre), Deutsche Schäferhündin (13 Wochen). Unten: Neugierig folgen die Welpen dem erwachsenen Hund nach.

noch nicht die Stabilität zeigt, die es beim erwachsenen Hund hat. Das Skelett des Hundes muss sich entwickeln und festigen. Dies gilt ganz besonders für die Entwicklung der Gelenke. Für den Welpenbesitzer bedeutet dies, dass er sowohl mit der Nahrung als auch mit der Bewegung seines Hundes vorsichtig und sehr bedacht umgehen sollte.

Wenn wir uns zum Grundsatz machen, lieber mehrmals am Tag kurze Strecken zu laufen, als einmal am Tag einen langen Spaziergang zu machen, dann überfordern wir den Hund sicher nicht. So wie wir unseren Welpen zunächst das Futter in kleinen Portionen geben, z.B. ihn 4mal am Tag füttern, im Alter von 3 Monaten 3mal pro Tag und später im Alter von 6 Monaten nur noch 2mal pro Tag und die Futtermenge jeweils steigern, so steigern wir die Länge unserer Spaziergänge bis zum 6. Lebensmonat. Nach dieser Zeit können wir dann nach Herzenslust mit unserem Hund laufen.

Einen Hund in der Bewegung zu über- oder unterfordern oder mit Nahrung zu überfüttern oder zu wenig zu füttern, ist für die körperliche Entwicklung des Tieres in jedem Falle schädlich. Ein Welpe muss seine Muskeln entwickeln, sein Skelett stabilisieren und seine Bänder festigen können. Dies kann er nur, wenn er sich ausreichend und entsprechend seines Alters bewegen darf und das Gewicht seiner Größe angepasst ist.

11. WIE LANGE DARF MEIN WELPE MIT ANDEREN HUNDEN SPIELEN? ▶

Heutzutage sind Welpentreffs, Welpenspieltage, Welpenprägungstage sehr modern, werden aber leider häufig missverstanden.

Es ist für einen jungen Hund wunderbar und sehr wichtig, mit anderen Hunden spielen zu können. Dies ist für seine körperliche und vor allen Dingen für seine psychische und soziale Entwicklung von immenser Bedeutung. Der Welpenbesitzer sollte jedoch sehr darauf achten, dass sich die Hunde nicht »überspielen«. Die

Vom Spiel erschöpft?
Dingo (12 Wochen)

bedacht sein, dass sein Welpe nicht überfordert wird.

Diese wöchentlichen Treffs sind für den jungen Hund natürlich etwas furchtbar Aufregendes, und deshalb wird er seine letzten Energien einsetzen, um möglichst immer dabei zu sein. Das heißt nicht, dass wir unseren Welpen nicht mit anderen Hunden spielen lassen sollen. Wir müssen nur ein wachsames Auge darauf haben, dass unser Welpe sich nicht überanstrengt.

Besonders wertvoll wäre es für die Welpentreffs, wenn gut sozialisierte, erwachsene Hunde mit integriert würden. Auf diese Weise hätte unser Welpe die Möglichkeit, den Umgang mit Hunden zu lernen, die eine natürliche Autorität zeigen. Der erwachsene Hund wird, wenn der kleine Welpe zu übermütig ist, ihn zurechtweisen und ihm deutlich machen, dass er Abstand zu halten hat. Diese Lektionen sind für die soziale Entwicklung des Hundes von großer Bedeutung und damit äußerst wünschenswert, wenn nicht sogar unerlässlich. Gleichaltrige Hunde bis zu einem Alter von etwa 4 bis 5 Monaten fühlen sich im Rang gleich. Das bedeutet, dass ihre Spiele mehr den Charakter des Kämpfens, des Kräftemessens oder des sich Jagens haben. Auch diese Spiele sind wichtig, da hierbei der vorsichtige Umgang miteinander gelernt wird, und zudem natürlich körperliche und geistige Fertigkeiten und Fähigkeiten geschult werden.

Meinung, der Hund wisse von selbst, wann er aufhören müsse, ist nur dann richtig, wenn gleichaltrige Hunde immer zusammen leben. In dem Augenblick, wo sich vielleicht ein- oder zweimal in der Woche junge Hunde treffen, die sich in der Größe, im Gewicht, im Alter (ein 5 Monate alter Hund ist von seiner Körperentwicklung weitaus stabiler als ein 3 Monate alter Hund) deutlich unterscheiden, muss der Welpenbesitzer darauf

12. IN WELCHEM ALTER KANN ICH MIT MEINEM WELPEN IN DIE STADT GEHEN? ▸ Häufig wird propagiert, mit einem Welpen so früh wie möglich in die Stadt zu gehen, damit er sich an den Verkehr, die Leute und die Geräusche gewöhnt.

Beobachten wir jedoch junge Hunde mit ihren Menschen in der Stadt, so haben wir folgende Bilder:

1. Der angeleinte Hund zieht an der Leine, weil er etwas Interessantes riecht, etwas zu fressen findet, zu einem Passanten oder zu einem entgegenkommenden Hund will. Je nachdem wird der Hundebesitzer versuchen, die Absichten des Hundes zu unterbinden, zieht den armen Hund von der Ablenkung weg und zieht ihn wieder mit sich. Oder er gibt dem ziehenden Hund den Erfolg und lässt ihn aus dem Zug zum Ziel kommen.

Was lernt der Hund?

Er lernt nicht die Stadt kennen, sondern er lernt zu ziehen. Wird er zurückgezogen, fühlt er sich überrumpelt und reagiert ängstlich, oder er wird bei der nächsten Gelegenheit wieder ziehen. Was wird also trainiert? Das Ziehen an der Leine. Das jedoch wollten wir mit Sicherheit nicht!

2. Der angeleinte Hund wird von den vielen Eindrücken, die auf ihn einstürmen, überfordert, kann sie nicht einordnen und fürchtet sich. Er versucht zu fliehen und wird natürlich über die Leine festgehalten.

Was lernt der Hund?

Er lernt wieder nicht die Stadt kennen. Jetzt, da sein Freund Mensch ihm die Flucht nicht gestattet, wird das Vertrauen zu ihm tief erschüttert.

3. Der nicht angeleinte Hund läuft ziellos überall hin, oder er hat Angst und geht gar nicht erst mit. Ist er frei und fühlt sich unbefangen, nimmt er jeden Unrat auf, sucht Kontakt zu anderen Menschen und vergisst dabei seinen Freund Mensch. Nebenbei ist er natürlich äußerst gefährdet.

Was lernt der Hund?

In der Stadt zu laufen ist äußerst abwechslungsreich, da brauche ich mich um meinen Menschen nicht zu kümmern. Sollte mein Freund Mensch mich vom Unratfressen abhalten wollen, laufe ich einfach weg.

Was lernen wir Welpenbesitzer?

Solange der kleine Welpe noch nicht gelernt hat, mit seinem Menschen harmonisch verbunden an der Leine zu laufen, solange können wir mit unserem Hund nicht in die Stadt gehen. Wir können von unserem Hund nicht die Meisterprüfung verlangen, wenn er noch in seiner Lehrlingszeit steckt!

Mit bestem Gewissen kann ich versichern, dass alle Hunde, wenn sie harmonisch mit ihrem Menschen verbunden sind, ohne Probleme mit ihm in der Stadt laufen, auch wenn sie nicht sogleich im Welpenalter die Stadt kennen gelernt haben. Die Hunde brauchen eine gewisse Reife und psychische Stabilität, wenn sie die ungeheuer vielfältigen Reize, die so ein Stadtgang mit sich bringt, verkraften und ertragen sollen.

Wir können also erst dann mit unserem Hund in die Stadt gehen, wenn er vertrauensvoll mit uns verbunden ist und die vielfältigen Umweltreize, die bei so einem Stadtbummel auf ihn einstürmen, mit uns gemeinsam bewältigen kann. Der Hund muss in der Lage sein, uns auch unter Ablenkung Aufmerksamkeit schenken zu können.

Die Bausteine für das Training

Die Bausteine für das Training

Bevor wir mit unseren Welpen in die Praxis gehen, sollten wir uns zunächst mit den Entwicklungsstadien der Hunde, die sowohl die körperliche wie die psychisch-soziale Entwicklung betreffen, vertraut machen. Hierbei ist selbstverständlich zu berücksichtigen, dass unsere Hunde aufgrund der verschiedenen Zuchtziele in der Vielfalt unserer Rassen, sowohl in ihrer Persönlichkeit als auch in ihrer körperlichen und geistigen Entwicklung sehr unterschiedlich strukturiert sind. Daher kann die zeitliche Einteilung der Entwicklungsstadien nur ein ungefähres Maß sein. Der Verlauf der Entwicklung jedoch muss von jeder Hundepersönlichkeit erlebt werden und darf einen gewissen, genetisch vorgegebenen Zeitraum nicht überschreiten.

Hat der Hund keine Gelegenheit, zum entsprechenden Zeitpunkt seine Erfahrungen zu sammeln, sind psychische und physische Probleme vorprogrammiert, und es wird dadurch das Zusammenleben unter den Hunden selbst und das Zusammenleben mit dem Menschen erschwert oder sogar unmöglich.

Die Entwicklungsstadien des Hundes

▶ **Das vegetative Stadium (1.–14. Tag)**

Bei der Geburt des Hundes sind bei weitem nicht alle Sinnesorgane funktionstüchtig. Die Augen und Ohren sind noch geschlossen, auch der Geruchssinn scheint nur bedingt zu

Links: Bausteine für das Training? Rechts: Irish Terrier Welpen (3 Tage) beim Trinken.

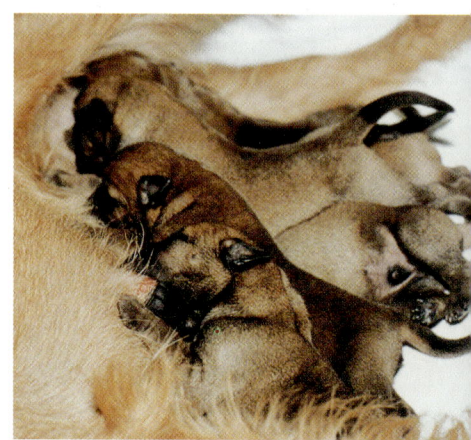

Golden Retriever Welpen (16 Tage) im Stadium des Erwachens.

Unten: Deutsche Schäferhund Welpen (10 Wochen) entdecken den Sand.

Darunter: Dingo Welpen (13 Wochen) entdecken das schmelzende Eis.

funktionieren. Außer einem ausgeprägten Hin- und Herpendeln des Kopfes und einem kräftigen Abstemmen der Hinterläufe sind die motorischen Fähigkeiten des Welpen noch sehr eingeschränkt. Gut ausgeprägt ist der Tastsinn und das Empfinden für Wärme und Kälte.

▶ **Das Stadium des Erwachens (14.–21. Tag)**

Nun beginnen die Sinnesorgane, Reize von außen aufzunehmen und über entsprechende Nervenbahnen an die Großhirnrinde weiterzuleiten. Auch die Motorik verändert sich. Ab dem 17. Lebenstag waren meine Welpen z.B. alle in der Lage, statt sich pendelnd im Kreis zu bewegen, geradeaus zu laufen.

▶ **Die Eroberung der Umwelt (4.–20. Woche)**

Nach der 3. Lebenswoche werden die Welpen deutlich aktiv. Das Neugierver-

Links: Deutscher Schäferhund, Belgischer Schäferhund und Pinscher: Eine Rassekonferenz? Rechts: Zwei Deutsche Schäferhunde (13 Wochen): Gibt es schon einen Stärkeren?

Geduldig lässt die Rottweilerhündin den kleinen Border Terrier die Lefzen lecken.

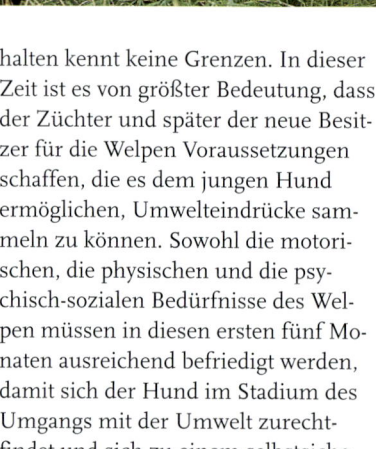

halten kennt keine Grenzen. In dieser Zeit ist es von größter Bedeutung, dass der Züchter und später der neue Besitzer für die Welpen Voraussetzungen schaffen, die es dem jungen Hund ermöglichen, Umwelteindrücke sammeln zu können. Sowohl die motorischen, die physischen und die psychisch-sozialen Bedürfnisse des Welpen müssen in diesen ersten fünf Monaten ausreichend befriedigt werden, damit sich der Hund im Stadium des Umgangs mit der Umwelt zurechtfindet und sich zu einem selbstsicheren, erwachsenen Hund entfalten

kann. Es müssen also alle Sinnesorgane *gefordert* und *gefördert* werden.

Die Begründung hierfür liegt in folgender Erkenntnis: Viele Zellen in den verschiedenen Zentren der Großhirnrinde liegen zunächst brach; dies ist verständlich, da, wie wir wissen, manche Sinnesorgane, wie z. B. die Augen oder die Ohren, in den ersten Lebenstagen noch keine Reize aufnehmen können. In dem Augenblick jedoch, in dem sich z.B. die Augen öffnen, werden Zellen der Netzhaut mit Eindrücken von außen gereizt. Die Reizimpulse werden über Nervenbahnen in das Sehzentrum, das sich in der Großhirnrinde befindet, weitergeleitet, und damit werden Verbindungen der Nervenbahnen zu den »Sehzellen« im Großhirn hergestellt und diese Zellen aktiviert. Dieser Prozess ist für die Funktionstüchtigkeit des Sehzentrums notwendig. Werden die Verbindungen aus Gründen der Reizarmut nicht hergestellt und die entsprechenden Zellen im Zentrum des Gehirns nicht aktiviert, verkümmern sie und können ihre Funktion nicht mehr oder nur ungenügend erfüllen. Das bedeutet, dass

wir unsere Hunde im wahrsten Sinne des Wortes »verdummen« können, wenn wir sie im Stadium der Eroberung der Umwelt isoliert halten und ihnen somit die Möglichkeit nehmen, genügend Sinneseindrücke aus der Umwelt aufzunehmen.

Diese Entwicklungszeit ist vielleicht die wichtigste für die gesunde physische und psychische Entwicklung eines Hundes. Es ist die Zeit, in der ein Hund am lernbegierigsten und aufnahmefähigsten für alle Eindrücke aus der Umwelt ist, die auf ihn einwirken.

Eine Zeit, in der der Welpe lernen muss, sich an die unter Hunden üblichen sozialen Regeln zu halten. Er muss den Umgang mit gleichaltrigen Hunden und mit erwachsenen Hunden erlernen. Dazu gehört, dass er erkennt, wann er zu einem erwachsenen Hund, der naturgegeben überlegen ist, Distanz halten muss, wie lange er spielen darf und wie heftig sein Spiel sein darf. Er muss erkennen, wann und wie viel Aggression gezeigt werden darf, und in welcher Situation er sich unterwerfen muss. Und dabei muss er noch ganz genau das Maß einschätzen, wie

viel Unterwürfigkeit in der entsprechenden Situation angebracht ist.

Aber damit nicht genug, da ein Welpe im Allgemeinen zwischen der 8. und 12. Lebenswoche aus seinem Familienverband herausgelöst und in seine Menschenfamilie hineingesetzt wird, muss er auch noch lernen, sich an diese, für ihn ganz unhundliche Lebenssituation anzupassen. Er muss

Links: Ist der Abstand groß genug?
Rechts: Der Welpe lernt die Menschen aus der Nähe kennen, sowohl die großen ...

... als auch die kleinen.

In der freien Natur können Welpen (Dingos, 14 Wochen) Kontakt zum Menschen halten oder, wie der kleine Schäferhund, seinen natürlichen Neigungen nachgehen.

gen Lernzeit zunächst ohne menschlichen Einfluss einfach gewähren zu lassen. So wird er, weil er so lernbegierig ist, vieles lernen, was für ein Zusammenleben mit dem Menschen bald unerträglich werden wird, z.B. beim Spazierengehen beharrlich an der Leine zu ziehen, unkontrolliert zu bellen, fremde Menschen anzubellen, dem Wild nachzulaufen, nicht alleine zu Hause zu bleiben und vieles, vieles mehr. Diese unerwünschten Verhaltensweisen wieder abzutrainieren, wenn der Hund dann später »erzogen« werden soll, ist äußerst mühsam und zeitaufwendig.

Im Allgemeinen werden diese Verhaltensweisen vom Hundebesitzer erst dann als Problem empfunden, wenn sich die Nachbarn oder andere Mitmenschen entsprechend beschweren. Wie viele Feindschaften unter Menschen sind schon aus diesen Gründen entstanden. Der Hund sollte jedoch eher ein verbindendes Glied für Menschenfreundschaften sein und nicht für menschliche Feindschaften verantwortlich gemacht werden.

Eine andere Möglichkeit, in den ersten Lebensmonaten keinen Einfluss auf den Hund zu nehmen, ist, ihn aus dem menschlichen Lebensbereich auszusperren und ihn in einen Zwinger oder eine »Homebox« (das ist ein Wohnungskäfig für Hunde!) einzusperren. Dann ist man vor den lebensfrohen, übermütigen Handlungen seines Hundes sicher und braucht sich nicht mit ihm herumzuärgern. Es wird nicht sehr lange dauern, bis der Hund seine Lebensfreude verloren hat und resignierend seine wertvolle Jugendzeit mit Warten zubringt, um dann als psychisches Wrack, unterentwickelt, ohne

das menschliche Verhalten beobachten, es verstehen und sein Verhalten entsprechend danach richten.

Dies ist nur ein grober Auszug aus dem ungeheuer großen Lernprogramm, das so ein kleiner Welpe bis etwa zur 20. Lebenswoche bewältigen muss. Es wirkt wie ein Wunder für mich, zu sehen, mit welcher Unbeschwertheit und Selbstverständlichkeit der kleine Hund dies alles in sich aufnimmt und verarbeitet. Welche Energie muss in so einem Welpen stecken!

Umso unverständlicher ist die Theorie, einen Welpen in dieser wichti-

Selbstvertrauen und verdummt, vom Menschen manipuliert bzw. dressiert werden zu können.

Unser Hund wird nach allem, was wir jetzt wissen, die wichtige Zeit der »Eroberung der Umwelt« mit uns gemeinsam verbringen und dabei die notwendigen Spielregeln erlernen. Somit wird er gut für das nächste Entwicklungsstadium vorbereitet sein.

Lieber würde der Hund (Belgische Schäferhündin, 5 Monate) etwas anderes tun als zu sitzen oder mit seinem Menschen zu laufen.

▶ Der Umgang mit der Umwelt (20. Woche bis Geschlechtsreife)

Hat der junge Hund bis jetzt seine Umgebung erforscht und findet sich ohne Angst in ihr zurecht, beginnt er nun, seine Umwelt für sich auszunützen. Bislang hat er z.B. Wildfährten zwar wahrgenommen und auch interessiert versucht, sie zu verfolgen, aber dies geschah noch etwas konfus. Jetzt »weiß« er plötzlich, was eine Rehfährte oder eine Hasenspur ist. Er arbeitet sie zielstrebig und ausdauernd aus.

Er ist vertraut mit der Umwelt. Sein Freund Mensch wird zu Hause geliebt, draußen aber ist er beinahe ein wenig lästig. Der Hund möchte jetzt gerne seine eigenen Wege gehen und selbstständig sein. Er entfernt sich erheblich weiter als bislang von seinem Freund Mensch, ignoriert ihn geradezu, da es für den Hund wichtiger und interessanter ist, seine Jagd- und Beutetechniken zu vervollkommnen, als den Hör- bzw. Sichtzeichen seines Menschen Folge zu leisten.

Schafft der Mensch es nicht, seinen Hund psychisch an sich zu binden, d.h. den Hund so für sich zu interessieren, dass für ihn die Umwelt zwar wichtig, sein Freund Mensch aber noch weitaus wichtiger ist, dann wird er z.B.

das Jagdverhalten nie mehr zuverlässig oder nur sehr schwer in die gewünschten Bahnen lenken können.

In diesem Stadium, so konnte ich bei meinen eigenen, aber auch bei den

Belgischer Schäferhund (11 Monate) fürchtet sich erstmalig vor einem Eimer.

heranwachsenden Hunden, die bei mir geschult wurden, feststellen, lassen die jungen Hunde plötzlich noch einmal psychische Unsicherheiten erkennen, und zwar in Situationen, die sie früher nicht beeindruckten.

Einerseits zeigen sie draußen erhebliche Sicherheit, wenn sie sich von ihrem Menschen entfernen und ihre eigenen Wege gehen wollen, andererseits wirken sie im Umgang mit dem Menschen und auch mit den Artge-

nossen eher unsicher. Diese psychische Unausgeglichenheit sollte verstanden und entsprechend berücksichtigt werden.

Nach dieser Zeit tritt im Allgemeinen die Geschlechtsreife ein. Jetzt muss die Verständigung, d.h. müssen die Spielregeln zwischen den Partnern endgültig festgelegt sein, damit ein harmonisches Zusammenleben für beide Teile möglich ist und ohne Probleme verlaufen kann.

Belgischer Schäferhund zeigt mit 12 Monaten Unsicherheiten fremden Menschen gegenüber.

Verhaltensstudie zur
psychisch-sozialen Entwicklung

Verhaltensstudie zur psychisch-sozialen Entwicklung

Das soziale System des Hundes

Ein soziales System ist dann erforderlich, wenn mehrere Individuen einer Art als Gruppe zusammenleben und gemeinsam für das Funktionieren dieser Gemeinschaft verantwortlich sind.

Die Interaktionen der einzelnen Individuen untereinander müssen fein aufeinander abgestimmt sein. Dies geschieht über Regeln, die von jedem einzelnen eingehalten und respektiert werden müssen.

Vier Hündinnen, vier verschiedene Rassen: ein Bild der Harmonie.

Dieses System soll das Überleben einer Tierspezies garantieren und muss als Ganzes erhalten bleiben.

Die Regeln, die dafür notwendig sind, können genetisch fixiert sein, z.B. im Staat der Bienen oder der Ameisen. Sie können aber auch nur zum Teil genetisch fixiert sein und müssen zum Teil erlernt werden. Diesen Fall finden wir häufig bei hochentwickelten, in Gemeinschaft lebenden Säugetieren, wie z.B. bei Wölfen und somit bei unseren Haushunden.

Beim Wolf wie beim Hund ist beispielsweise die Zeit, in der ein bestimmtes Verhalten gelernt werden muss, genetisch fixiert. Was in dieser Zeit gelernt wird, hängt vom Umfeld ab, in dem das Tier, in unserem Falle der Hund, lebt.

Weiterhin können bestimmte Handlungsabfolgen angeboren sein. Die Abstimmung der Handlungen auf den anderen muss allerdings gelernt werden.

Nehmen wir z.B. Verhaltensweisen, die mit Aggression verbunden sind. Aggressives Knurren oder das Zähnezeigen sind angeborene Verhaltensweisen. Die feine Differenzierung dieses Verhaltens jedoch muss im Um-

gang mit dem »anderen« gelernt werden.

Verhaltensweisen, die Unterwürfigkeit signalisieren, sind ebenfalls zum Teil angeboren und zum Teil erlernt. Unterwürfigkeit setzt sich aus Verhaltensweisen der positiven Zuwendung zu einem »anderen« und Verhaltensweisen der Abwendung (Angst und Flucht) von einem »anderen« zusammen.

Das Verhalten bei Angst und Flucht, beispielsweise die Rute einziehen oder sich abwenden und verharren, ist angeboren.

Verhaltensweisen der positiven Zuwendung sind eine lebenserhaltende Notwendigkeit und ebenfalls angeboren. Sie sind bereits in der ersten Lebensstunde eines Welpen zu beobachten: Ein Welpe wendet sich der Wärme- und Nahrungsquelle zu und erfährt auf diese Weise die Erfüllung seiner Bedürfnisse, physisch sowie psychisch. Er findet seine Geborgenheit und den damit verbundenen Schutz. Im Laufe seiner Entwicklung allerdings

Die angeborene Aggression muss in Bahnen gelenkt werden.

muss er lernen, dass das Sich-Zuwenden Grenzen hat und nicht immer vom anderen geduldet wird.

Das soziale System setzt sich also aus extrem gegensätzlichen Komponenten zusammen:

1. Aggression (definiert als »negatives Sich-Hinwenden« zu einem anderen, also negative Hinwendung),
2. positiver Zuwendung,

Links: Die angeborenen Gesten der Unterwerfung müssen dem Verhalten des Überlegenen angepasst werden.

Rechts: Positive Zuwendung: die häufigste Umgangsform unter Hunden.

Links: So wird ein Welpe behandelt, wenn er nur scheinbar Unterwerfung gezeigt hat.
Rechts: Der Grad der Unterwerfung hängt vom Verhalten des Überlegenen ab.

3. Abwendung,
4. Unterwürfigkeit (definiert als Kopplung diametraler Verhaltensweisen der Zuwendung und der Abwendung).

Die Genetik gibt die Bausteine und die Zeit, in der gebaut werden muss, vor. Die Umwelt und die Lernfähigkeit des einzelnen formen die Steine, so dass sie zu einem harmonischen Ganzen zusammengefügt werden können. Wenn das gelingt, sprechen wir in unserem speziellen Fall von gut sozialisierten Hunden, die ihre Spielregeln kennen, sich danach richten und somit friedlich miteinander leben können.

Der Einfluss der Umwelt ist von höchster Bedeutung für jedes Lebewesen. Ob es sich um Pflanzen wie hier oder um Tiere handelt. Die beiden Zimmermalven waren beim Kauf im Wachstum vollkommen gleich. Sie bekamen verschiedene Standorte: die eine (links) im Freien mit direktem, die andere im Zimmer (rechts) mit indirektem Licht.

> **Auf einen Blick!**

Das soziale System des Hundes

Um also in ein so differenziertes, fein aufeinander abgestimmtes System hineinwachsen zu können, muss ein Welpe sein angeborenes Verhalten mit den Einflüssen aus seiner Umwelt kombinieren und in Einklang bringen. Dieser Prozess muss in einem genetisch vorgeschriebenen Zeitraum stattfinden: von etwa dem Beginn der dritten Lebenswoche bis etwa zur zwanzigsten Lebenswoche. Dies ist eine überaus kurze Zeitspanne für ein äußerst anspruchsvolles Lernprogramm. Es ist die Zeit der Eroberung der Umwelt, in der ein Welpe offensichtlich weit mehr Energien zur Verfügung hat, als je sonst in seinem Leben.
Es ist die intensivste Lernzeit, die oft auch als die Zeit der Prägung bezeichnet wird. Was ein Welpe in dieser Zeit an Eindrücken aus seinem Umfeld sammelt, wird sich tiefer in sein Gedächtnis eingraben, als die gleichen Eindrücke zu einem anderen Zeitpunkt im Leben des Hundes.

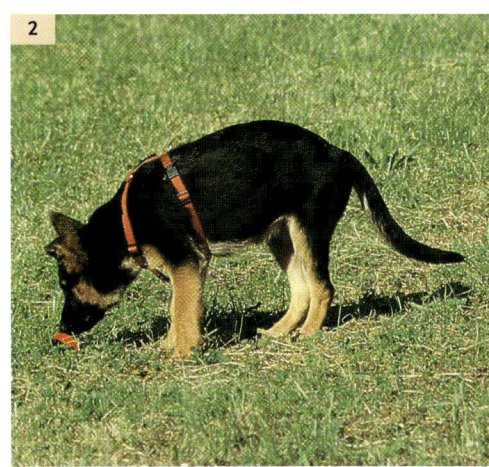

Schäferhündin (13 Wochen) sucht, findet und bringt das Gefundene freudig zu ihrem Menschen zurück. Was in der intensivsten Zeit des Lernens geübt wird, prägt sich tiefer ins Gedächtnis ein, als zu einem anderen Zeitpunkt.

Die Beschreibung der Studie

Da diese kurze Zeitspanne eine so große Bedeutung für die Entwicklung eines Hundes hat, entschloss ich mich zu einer Verhaltensstudie, in der ich Welpen in diesem Zeitabschnitt beobachten wollte.

Die Beobachtungen wurden registriert und das Verhalten der Hunde interpretiert. Erwiesen sich die Interpretationen als richtig, so wurden Gesetzmäßigkeiten erkannt. Erst dann konnte ich sicher sein, dass ich die Bedeutung, die ich einem Verhalten zuordnete, korrekt beurteilt hatte.

Es ging mir in dieser Studie darum, vier Punkte festzuhalten und zu analysieren:

▶ Wie gehen erwachsene Hunde mit Welpen um?

▶ Wie gehen Welpen miteinander um?

▶ Wie ausgeprägt ist die Lernfähgkeit der Welpen?

▶ Wie lange wird das Gelernte behalten?

In dieser Studie handelte es sich um 14 weibliche und 3 männliche Welpen folgender Rassen:

3 Bearded Collies, 3 Belgische Schäferhunde, 3 Deutsche Schäferhunde, 2 Golden Retriever, 2 Rauhaardackel, 1 Deutsch Langhaar, 1 Border Collie, 1 Golden Retriever-Setter-Mischling, 1 Russischer Husky, 4 Australische Dingos als geschwisterlicher Verband und 4 Deutsche Schäferhunde als geschwisterlicher Verband

Von diesen Welpen wurden 8 Tiere im Alter zwischen 7 und 9 Wochen mit einem von mir erstellten Test ausgewählt, und 9 Tiere übernahm ich im Alter zwischen 7,5 und 11 Wochen ohne Test.

Der Test zur Auswahl der Welpen

Dieser Test wurde vor der Übernahme der Welpen durchgeführt. Ich übernahm jeweils nur den Welpen, der die Kriterien des Tests sehr gut erfüllte.

In diesem Test wollte ich folgendes herausfinden:

1.) Die Motivation des Welpen, seine Bezugsperson zu finden und bei ihr zu bleiben.

Dazu wurde der kleine Hund von mir zurückgehalten. Die Bezugsperson verließ ihren Welpen. Er konnte ihr 5 m mit den Augen folgen, dann verschwand sein Mensch und versteckte sich etwa 15 m entfernt. Jetzt wurde der Hund von mir freigegeben.

Es wurde der Welpe für meine Studie ausgewählt, der eifrig suchend seinen Menschen fand und ihn freudig begrüßte.

2.) Die Motivation des Welpen, eine 8 m lange Futterfährte mit tiefer Nase zu verfolgen. Es wurde in einen Strumpf angefeuchtetes Futter hineingegeben, das der Welpe kannte. Der Strumpf wurde mit einem Strick zugebunden und so über den Boden gezogen, dass der Welpe den Vorgang beobachten konnte. Nach 8 m wurde die »Beute« hingelegt und der »Fährtenleger« ging in einem großen Bogen zum Ausgangspunkt zurück. Er stellte sich hinter den Welpen und meine Person, so dass der kleine Hund nicht abgelenkt wurde. Jetzt erst wurde der Welpe an die Ansatzstelle gelassen.

Es wurde der Welpe für meine Studie ausgewählt, der die Fährte eifrig suchend verfolgte und den hingelegten Beutestrumpf aufnahm.

Mit den getesteten Welpen hatte ich schon vor der Übernahme mehrfach Kontakt (2 Welpen wurden bei mir geboren), 7 Welpen ohne Test übernahm ich sozusagen »unbesehen«, so wie sie übriggeblieben waren und die Züchter sie mir einfach übergaben. (Ein Welpe ohne Test wurde bei mir geboren, und einen Welpen übernahm ich, weil er mir gefiel!)

Es wurde immer nur ein Welpe in meine Hundegemeinschaft integriert, die sich zumeist aus drei oder vier erwachsenen Hunden unterschiedlichen Alters, unterschiedlichen Geschlechtes und verschiedener Rassen zusammensetzte. War der Welpe achtzehn Wochen alt, bekam ihn entweder der Züchter zurück, oder er wurde einem von mir ausgewählten Hundefreund übergeben, der in dieser Zeit mit dem Welpen schon eine herzliche Verbindung aufgenommen hatte.

Die vier australischen Dingos, die ich im Alter von 9 Wochen aus einem Tierpark übernommen hatte, blieben im geschwisterlichen Verband als Einheit. Der Grund dafür lag in dem ungeheuer ausgeprägten Zusammengehörigkeitsgefühl der Dingos, das ein Trennen von den Geschwistern unmöglich machte.

Die 4 Deutschen Schäferhunde übernahm ich im Alter von 7,5 Wochen, um einen Vergleich zwischen den verwilderten Haushunden und einem vom Menschen extrem durchgezüchteten Haushund anstellen zu können.

Die Studie führte ich als Feldstudie durch, da ich wenig Kriterien für eine Standardisierung hatte und so wenig wie möglich in das biologische Verhaltensgeschehen eingreifen wollte. Ich konnte z.B. nicht die Zeiten festlegen, zu denen ich mich mit einem Welpen beschäftigen wollte, da die aktiven und passiven Zeiten der einzelnen Welpen sehr unterschiedlich waren. Ein Welpe z.B. schlief, fraß und schlief fast ausschließlich bis zur 12. Lebenswoche, ein anderer Welpe musste regelrecht »schlafen gelegt« werden. Ich konnte mich also nur dann mit den Welpen beschäftigen, wenn sie von sich aus dazu bereit waren und sich in einem physisch aktiven und psychisch entspannten Zustand befanden.

Die Fragestellungen

▶ **Wie gehen erwachsene Hunde mit Welpen um?**

Die erste Frage: »Welches Verhalten zeigen in einer Gemeinschaft zusammenlebende, erwachsene Hunde einem für sie fremden Welpen, der in diese Gemeinschaft eindringt?«

Die erwachsenen Hunde reagierten nicht als Gemeinschaft auf den Welpen, sondern sie stellten sich individuell auf den Welpen ein. In zwei Fällen versuchte jeweils eine Hündin, den eindringenden Welpen zu terrorisieren.

Im ersten Fall handelte es sich um meine Bearded-Collie-Hündin, die gerade 9 Wochen alte Junge gehabt hatte, welche bis auf eines abgegeben worden waren. Zu diesem Zeitpunkt kam der 7 Wochen alte fremde Welpe ins Haus.

Die Hündin entdeckte ihn, glaubte

offensichtlich zuerst, es sei einer von ihren Welpen und ging freundlich mütterlich auf ihn zu. Als sie den Irrtum bemerkte, stupste sie ihn mit der Nase aus der Welpenkiste und trieb ihn in eine Ecke. Anschließend legte sie sich quer davor und achtete peinlichst genau darauf, dass der Welpe sich nicht rührte. Der Welpe zeigte sich sehr verängstigt und fügte sich in sein Schicksal. Ich griff in das Geschehen nach etwa 15 Minuten ein und befreite den Welpen aus seiner Gefangenschaft. Das gleiche Verhalten wiederholte sich am nächsten Tag. Bei der dritten Attacke wies ich die erwachsene Hündin deutlich zurecht und machte ihr klar, dass ich dieses Verhalten nicht billigen könnte.

Die Hündin verstand mich und unterließ daraufhin für immer diesen Psychoterror. Sie zeigte auch später, wenn Welpen kamen, nie mehr dieses Verhalten.

In dem anderen Fall handelte es sich um eine Deutsch-Langhaarhündin. Diese begann den Welpen zu

verfolgen, und wo auch immer er sich zum Schlafen niederlegte, ging sie hin und vertrieb ihn, indem sie ihn anknurrte. Der Welpe fügte sich und verließ seinen ausgesuchten Platz. Das ging soweit, dass der Welpe nicht mehr zum Schlafen kam. Auch hier griff ich ein und machte der Hündin klar, dass dieses Verhalten dem Welpen gegenüber von mir nicht geduldet wird.

Die Hündin stellte ihre Verfolgungen ein und zeigte sie bei keinem weiteren Welpen mehr.

Abgesehen von diesen beiden Ausnahmefällen, die von mir geregelt wurden, war zu beobachten, dass die erwachsenen Hunde dem Welpen im allgemeinen zwei Tage lang große Toleranz entgegenbrachten. Dann allerdings wurden die Zügel gestrafft und der Welpe durch Drohgesten aufgefordert, sich etwas distanzierter zu verhalten.

Er sollte lernen, sich in einem bestimmten Abstand zum erwachsenen Hund aufzuhalten, wenn dieser es wünschte. Der Welpe sollte begreifen, den gewünschten, individuellen Abstand des anderen, in diesen Fällen des Überlegenen, zu spüren und zu respektieren.

Wie teilte der erwachsene Hund dies dem Welpen mit? Meine erwachsenen Hunde zeigten bei ihren Belehrungen alle ähnliches Verhalten: Belästigte ein Welpe einen erwachsenen Hund, z.B. weil er ihn allzu lange begrüßte oder ständig zum Spiel aufforderte, so begann dieser, wenn die Toleranzgrenze überschritten wurde, die Zähne zu zeigen oder zu knurren. Genügte diese Drohgebärde nicht, wurde das Hörzeichen mit dem Sichtzeichen gekoppelt, so dass der Drohung mehr Nachdruck verliehen wurde. Zog sich auch dann

Ein harmonisches Zusammensein zwischen jung und alt, die Individualdistanz ist gewahrt.

der Welpe noch nicht zurück, wurde mit einem kurzen »Beller« nach dem Welpen geschnappt. Die Hündinnen schnappten auf den Welpen zu, bremsten jedoch, bevor es zur Berührung kam, ab. Der Rüde schnappte über den Welpen hinweg oder nach oben in die Luft. Die Hunde wollten offensichtlich den Welpen nicht negativ berühren und dabei verletzen.

Dieses »Abschnappen« als extremste Form der Drohung wurde von jedem Welpen, auch dem dreistesten, akzeptiert. Er ging laut schreiend in die Flucht. Nach kurzer Erholungszeit näherte er sich dem erwachsenen Hund wieder – dieses Mal jedoch in angemessenem Abstand. Der Welpe signalisierte also: »Ich habe dich verstanden, ich respektiere dich und deshalb halte ich jetzt den von dir gewünschten Abstand.«

Diese ausgeprägte Drohgebärde wurde äußerst selten angewandt. Meistens genügte als Drohung ein Zähnezeigen oder ein Knurren. Entsprechend der abgemilderten Drohung verhielt sich auch der Welpe: Wurden nur die Zähne gezeigt oder nur geknurrt, ging der kleine Hund nicht in die Flucht, sondern drückte sich mit dem Bauch auf den Boden und wandte seinen Kopf ab. Entspannte sich die Situation, ging jeder der beiden seiner Wege.

1 Der kleine Border Collie (3 Monate) grüßt zu lange.
2 Die erwachsene Schäferhündin versucht durch Abwenden die Begrüßung zu beenden.
3 Der Welpe lässt nicht locker und ...
4 ... wird zurechtgewiesen. Jetzt hat die Kleine verstanden und zeigt die gewünschte Distanz.

Oft wurde nur noch »so nebenbei« gedroht. Der erwachsene Hund zeigte seine volle Körpergröße mit erhobener Rute, der Welpe duckte sich kaum merklich, signalisierte damit aber seine Unterlegenheit und seinen Respekt vor dem Überlegenen. Dieser war damit zufrieden und kümmerte sich nicht weiter um den Welpen.

Manchmal schien es, als werde das Respektieren der Individualdistanz geradezu »eingeübt«. Ich konnte oft beobachten, dass der Erwachsene sich Spielbeute holte und sich provokativ vor den Welpen legte, damit spielte oder daran knabberte. Wollte der kleine Hund an die Beute, ertönte ein warnendes Knurren. Diese Übung wurde in ihrer gesamten Verhaltensbreite so lange wiederholt, bis der Welpe kein Interesse mehr an dieser Situation zeigte.

So spielte sich zwischen den erwachsenen und den jungen Hunden ein fein aufeinander abgestimmtes System ein, das die Autorität des Erwachsenen sicherte und den jungen Hund den Individualabstand einzuhalten lehrte.

Der individuell geforderte Abstand ist jedoch nicht immer gleich. Er ist jeweils abhängig vom Freundschaftsgrad, den der Hund mit einem anderen festgelegt hat. Innerhalb einer Hundegemeinschaft kann die individuelle Distanz auch aufgelöst werden. Das geschah vor allem dann, wenn Brutpflegeverhalten gezeigt wurde oder die Tiere sehr entspannt waren. Distanzlosigkeit wurde häufig im Spiel geduldet bzw. akzeptiert, wobei der Überlegene entschied, wann das Spiel beendet wurde. Dies machte er deutlich, wenn er das »Halte Abstand!« wieder forderte.

Ich konnte aber auch beobachten, dass diese Distanz immer wieder neu getestet wurde und oft nur für kurze Zeiträume galt. Manchmal wurde eine größere Distanz gefordert, manchmal wurde sie wieder aufgehoben. Zeigte ein Welpe auf die geforderte Distanz, so wie es sich gehörte, Unterwerfung und unterschritt sie im nächsten Augenblick gleich wieder, dann wurde er körperlich zurechtgewiesen. Der erwachsene Hund stellte sich über den Welpen und hielt ihn symbolisch fest, immer darauf bedacht, ihn nicht zu verletzen. Jetzt wagte der Welpe nicht

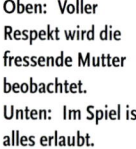

Oben: Voller Respekt wird die fressende Mutter beobachtet.
Unten: Im Spiel ist alles erlaubt.

1 Nach der erfolgten Begrüßung folgt die Analkontrolle. Der kleine Hovawart (4 Monate) sollte die Analkontrolle der erwachsenen Belgischen Schäferhündin (4 Jahre) über sich ergehen lassen ...

2 ... ohne sofort wieder zu grüßen.

3 Da er es nicht unterlässt, wird er von ihr körperlich dominiert.

4 und 5 Jetzt kommt es darauf an, dass der Welpe in der gezeigten Unterwerfung regungslos verharrt.

6 Ist die Maßnahme geglückt, entfernt sich der erwachsene Hund und wird nun durch den angemessenen Abstand des Kleinen respektiert.

mehr, sich zu rühren und verharrte. Langsam wurde er wieder losgelassen. Der Erwachsene entfernte sich und achtete darauf, dass der Zurechtgewiesene nicht zu schnell wieder aufstand. Er wollte ernsthaft respektiert werden und vermeiden, dass die Unterwerfung nur »vorgetäuscht« wird.

Das Reaktionsverhalten auf diese »Erziehungsmaßnahme«, so schien mir, wurde ebenfalls geübt.

Der erwachsene Hund stupste den Welpen mit der Nase oder den Pfoten so, dass er umfiel. Natürlich wollte der Welpe wieder aufstehen. Dies ließ der Erwachsene jedoch nicht zu. Er stupste ihn weiter und rollte ihn. Der kleine Welpe jaulte und jammerte. Dieses Attackieren wurde so lange fortgesetzt, bis der Welpe ruhig liegen blieb und sich nicht mehr rührte. Erst dann hörte der erwachsene Hund damit auf und ging weg. Er beobachtete jedoch sehr genau, was der kleine Hund machte. Stand dieser auf und ging ihm beschwichtigend nach, wiederholte er diese Attacke sofort wieder. Lag der

Welpe wieder und verhielt sich ruhig, entfernte er sich, den kleinen Hund immer im Auge behaltend.

Das Ziel dieser für uns Menschen sehr grob wirkenden Verhaltensweise schien darin zu liegen, den Welpen das absolut ruhige Verharren in der Unterwerfung zu lehren und damit die Anerkennung der Überlegenheit des anderen ernst zu nehmen.

Beide »Erziehungsmaßnahmen«, die Einhaltung der Individualdistanz und das Verharren in der Unterwerfung, haben für das Zusammenleben unter Hunden eine hohe Bedeutung.

DIE INDIVIDUALDISTANZ ▶ Wird ein Hund geboren, so gibt es sowohl bei der Mutter als auch beim Welpen keine Distanz. Der Welpe wendet sich der Mutter zu, die für seine Pflege zuständig ist und als Wärme- und Nahrungsquelle dient. Die Mutter zeigt aufgrund des ausgeprägten Brutverhaltens ebenfalls keine Distanz. Dies ändert sich, sobald die Welpen moto-

Im vegetativen Stadium gibt es noch keine Individualdistanz.

Allmählich versucht die Belgische Schäferhündin Distanz zu den immer hungrigen Welpen (4 ½ Wochen) zu bekommen.

risch so weit entwickelt sind, dass sie gezielt laufen können, also mit dem Beginn des Stadiums der Eroberung der Umwelt. Allmählich dient die Mutter nicht mehr nur als Nahrungs- und Betreuungsobjekt. Jetzt werden zwischen ihr und den Welpen persönliche Beziehungen aufgebaut. Sie fängt an, die Dauer des Saugens an den Zitzen zu bestimmen. Soll das Trinken beendet werden, springt sie einfach aus dem »Nest«. Können die Welpen laufen, versuchen sie die Mutter, wo auch immer, zu erwischen, um saugen zu können. Die Mutter jedoch versucht, nach kurzer Trinkdauer den Welpen zu entkommen und springt deshalb plötzlich weg. Somit schüttelt sie die Welpen vom Gesäuge ab und läuft davon. Diese Technik allerdings gelingt nur für kurze Zeit, da die Welpen immer schneller und beweglicher werden. Oft versucht die Mutter dann die hungrigen, kleinen Quälgeister loszuwerden, indem sie Futter hervorwürgt, oder sie beginnt zu drohen. Hier liegt der Anfang für die Lektionen des Abstandhaltens.

Interessanterweise droht sie zunächst mit Knurren, ohne die Zähne zu zeigen. Möglicherweise sind die akustischen Reize für den etwa 4 Wochen alten Welpen leichter wahrzunehmen als visuelle Reize. Das Auge des kleinen Hundes ist in diesem Alter offensichtlich noch nicht in der Lage, Bewegungen sehr differenziert zu sehen.

Über das Einhalten der individuellen Distanz wird dem anderen gegenüber Achtung und Respekt gezeigt. Wird die Distanz im Einvernehmen der einzelnen Partner aufgelöst, signalisiert dies hohes Vertrauen. Der Hund wendet sich dem Anderen in positiver Absicht zu. Respekt und Achtung voreinander und Vertrauen zueinander sind die Grundlagen für das Zusammenleben in Gemeinschaften.

Betrachten wir die Anfänge, die Individualdistanz zu erlernen, so erkennen wir, dass dieses Lehrprogramm zunächst innerhalb der Hundegemeinschaft durchgeführt wird.

So ein junger Hund muss später lernen, auch mit anderen, nicht zur Gemeinschaft gehörenden Hunden umzugehen. Das ist für ihn nicht ganz

Zweijährige Hündin fordert von der Tochter (8 Monate) das Verharren in der Unterwerfung. Die junge Hündin fügt sich nicht und wird daraufhin ...

einfach, da er im allgemeinen in der Entwicklungszeit der Eroberung der Umwelt glaubt, jeder fremde Hund gehöre nach kurzem Kennenlernen zur persönlichen Gemeinschaft dazu. Mit der Zeit wird er begreifen, dass er hier deutlich differenzieren muss und lernen, die Distanz selbst von anderen zu fordern, einerseits von seinen Geschwistern und andererseits von fremden Hunden.

In welchen Situationen wird eine Distanz gefordert?

☐ Die persönliche Distanz im »vertrauten« Kreise muss eingehalten werden.

☐ Ein bestimmter Abstand soll eingehalten werden, wenn sich der Hund mit seiner Beute bzw. mit seinem Futter beschäftigt.

☐ Das Territorium des Hundes soll von fremden Hunden und auch von fremden Menschen nicht betreten werden.

☐ Es darf kein anderer dem eigenen Rudel – dazu gehört auch der Mensch – zu nahe treten.

... wesentlich heftiger dominiert. Die Mutter kontrolliert das regungslose Verharren.

DAS VERHARREN IN DER UNTERWERFUNG NACH EINER KÖRPERLICHEN ZURECHTWEISUNG ▶ Die andere Erziehungsmaßnahme, das Verharren in der Unterwerfung, betont die Unterlegenheit, die beim Welpen dann verlangt wird, wenn er nur so tut, als respektiere er die Individualdistanz des Erwachsenen. Ganz wichtig wird

dieses Verharren, wenn sich die heran-
gewachsenen, meist jährigen Hunde
mit einem anderen erwachsenen Hund
zunächst nicht einigen können, wer der
im Rang höher Stehende ist. Es wird
mit einem Kampf versucht, die Rang-
höhe zu klären. Im Allgemeinen geht
ein Kräftemessen so aus, dass einer von
den beiden seine Unterlegenheit zeigt.
Das geschieht mit dem »Verharren in
der Unterwerfung«. Der andere testet,
ob der die Unterwerfung signalisieren-
de sich auch wirklich nicht mehr rührt.
Kontrollierend entfernt er sich. Bleibt
der Unterlegene wirklich ohne sich zu
rühren liegen, beschäftigt sich der
Überlegene in bestimmter Entfernung
mit irgendetwas »Interessantem« und
gibt somit dem Unterlegenen die Möglichkeit, sich aus dem Staub zu machen. Steht der Unterlegene zu schnell
auf, wird der Überlegene blitzschnell
wieder auf ihn springen und ihn zum
Stillhalten zwingen.

Wir können bei diesen Vorgängen

klar erkennen, dass die Dauer eines
Kampfes vom Unterlegenen bestimmt
wird und nicht vom Überlegenen.

Wenn die jungen Hunde in ihrer
eigenen Hundegemeinschaft – dazu
zählen bis etwa zur 20. Lebenswoche
alle die Hunde, die sie in diesem Zeitraum kennen lernen konnten – die
Signale, die das Einhalten der Individualdistanz fordern und das Verharren
in der Unterwerfung lernen konnten,
sprechen wir von gut sozialisierten
Hunden. Die kleinen Hunde werden
dann, wenn sie herangewachsen sind,
ebenfalls diese Gesetze anwenden.

Kleiner Dingorüde
(3 Monate) hält wie
selbstverständlich
die geforderte
Distanz ein.

> **Auf einen Blick!**

Wie gehen erwachsene Hunde mit Welpen um?

Die Kommunikation unter Hunden erfolgt in
erster Linie über die Körpersprache. Der Einsatz der Stimme oder Geruchssignale werden
im Allgemeinen zur Bekräftigung der Körpersprache verwendet. Das Zusammenleben der
Hunde wird auf diese Weise äußerst friedlich
geregelt und negative Körpereinwirkungen
über das gelernte »Abstandhalten« vermie-
den

Erwachsene Hunde zeigen Welpen gegenüber
zunächst große Toleranz. Wird die Toleranzgrenze, das ist der vom erwachsenen Hund
geforderte individuelle Abstand, vom Welpen

unterschritten, wird er mit Drohgesten in
seine Schranken gewiesen. Die Intensität der
Drohung hängt vom Grad der Aufdringlichkeit
des Welpen ab. Genügen die über die Stimme
und/oder die Körpersprache gegebenen Drohungen nicht, werden diese mit einer schnellen Bewegung auf den Welpen zu verstärkt
(Schnappen nach dem Welpen, ohne ihn zu
berühren).

Zeigt ein Welpe Unterwerfung und täuscht
diese nur vor, erfolgt eine körperliche Zurechtweisung. Sie wird im Allgemeinen nur ein ein-
ziges Mal angewendet, da ein Welpe danach
für immer verstanden hat, was es heißt, den
Anderen zu respektieren.

► Wie gehen Welpen miteinander um?

Hier waren für mich neben den vielen Beobachtungen, die ich bei den Welpenspielen machen konnte, die Interaktionen der vier Dingos und der vier Schäferhunde sehr aufschlussreich und vor allem bereits bestätigend für das, was ich bei Zusammenkünften von Welpen beobachtet hatte.

Bei den Welpen untereinander war bereits das Gesetz des Abstandhaltens deutlich zu erkennen. Allerdings hatte dies noch nichts mit der Regelung der Über- bzw. Unterlegenheit zu tun. Dieses Abstandhalten wurde im allgemeinen im Spiel mit Beute gefordert oder bei besonders gutem Futter.

Hatte ein Welpe ein sehr reizvolles fressbares Beutestück und wollte ein anderer dieses auch haben, so wurde geknurrt. Diskussionslos akzeptierte der andere diese Drohung und verharrte in einem bestimmten Abstand. Manchmal geschah es, dass der fressende Welpe von einem Geräusch abgelenkt wurde und auf seine Beute nicht aufpasste. Sogleich nahm der andere seine Chance wahr und schnappte sich die Beute. Interessanterweise akzeptierte der jetzt Geschädigte diese Situation und hielt nun seinerseits angemessenen Abstand.

Sowohl die Dingos als auch die Schäferhunde waren sehr darauf bedacht, zusammen zu bleiben. Fand ein Dingo ein Schlupfloch im Zaun, so riss nie nur einer aus, sondern immer alle vier.

Ging ich mit den Welpen spazieren, folgten mir die Dingos in den ersten zwei Tagen nach, verselbständigten sich aber später. Sie zeigten sich unerschrocken und sicher. Sie blieben untereinander immer in Kontakt und kamen, rief ich sie, stets gemeinsam zu mir zurück. Sie liefen nie so weit weg, dass der Kontakt zu mir abgebrochen wäre. Ich konnte sie immer rufen, und sie kamen immer alle zu mir zurück.

Die Schäferhunde folgten mir bedingungslos bis zur 12. Lebenswoche so nach, dass sie immer hinter mir blieben. Die Schäferhündin, die ich behielt, zeigte dieses Nachfolgen bis zur 16. Lebenswoche. Erst dann begann sie, ihre Umwelt auch außerhalb ihres Gartens selbständig zu erkunden.

Das Gesetz des Abstandhaltens, von erwachsenen Hunden gefordert, funktionierte in beiden Welpengruppen ohne Probleme. Verlangte eine meiner Hündinnen »Verharre in der Unterwerfung!«, so fiel mir auf, dass die Dingos sehr wohl das Verharren zeigten, jedoch alsbald seitlich liegend über kleine Spielaufforderungen versuchten, den erwachsenen Hund zu besänftigen. Die Dingos begannen also nicht, sich aktiv zu unterwerfen oder zu fliehen, sondern sie bemühten sich um gute Stimmung. Diese Taktik klappte, der erwachsene Hund ließ ab und ging seiner Wege.

Das Zusammenleben der Welpen ist dadurch gekennzeichnet, dass die Hunde ein sehr starkes Zusammengehörigkeitsgefühl zeigen. Sie schlafen immer zusammen, sie spielen kämpfend und jagend miteinander und suchen bei Gefahr gegenseitig Schutz. Das Verhalten der Welpen wird bestimmt von dem Bedürfnis nach Geborgenheit, Geselligkeit und gegenseitigem Vertrauen.

> ## Auf einen Blick!

Wie gehen Welpen miteinander um?

Welpen suchen Geselligkeit, Geborgenheit und das daraus resultierende Vertrauen. Sie haben zwei wichtige Lektionen zu lernen:
▸ Die Einhaltung der gewünschten Individualdistanz.
▸ Das Verharren in der Unterwerfung.
Diese beiden Lehrprogramme werden von den erwachsenen Hunden durchgeführt und geübt mit dem Ziel, die Autorität des Überlegenen deutlich zu machen. Ist die Anerkennung der Autorität überzeugend gelungen, wird sie im Allgemeinen nie mehr in Frage gestellt.
Die entsprechenden Verhaltensweisen werden auch unter Welpen angewandt. Hier allerdings im Spiel, ohne die Folge einer dauerhaften Anerkennung der Autorität des Gleichaltrigen. Der Respekt vor dem anderen ist nur von kurzer Dauer und kann bereits in der nächsten Spielsequenz ganz anders aussehen. Eine dauerhafte Rangordnung war bei Welpen bis etwa zur 17. Lebenswoche nicht zu erkennen.
Ist das Abstandhalten gelernt, findet die Verständigung über die Körpersprache statt, die fein aufeinander abgestimmt und als Reaktion genau dem Reiz angepasst wird. Stimmen- und Geruchssignale, die der Verständigung dienen, werden zumeist nur zur Verstärkung der Körpersprache angewendet.
Negative Körpereinwirkungen in einem so aufgebauten sozialen System werden überflüssig. Als Ausnahme gilt hier die Gleichrangigkeit. Fühlen sich zwei Individuen im Rang gleichwertig, kann über einen Kampf die Entscheidung getroffen werden, wer von den beiden der Überlegene bzw. Unterlegene ist.

Feststehende Rangunterschiede konnte ich bei Welpen bis etwa zur 17. Lebenswoche im Allgemeinen nicht feststellen, jedoch unendlich viele Spielvariationen, die Überlegenheit bzw. Unterlegenheit ausdrückten. Manchmal wurde der eine Welpe attackiert, eine Zeit später ein anderer. Manchmal waren die Spiele sehr rau, manchmal eher sanft. Es fiel mir auf, dass die jungen Schäferhunde wesentlich heftiger und häufiger aggressives Verhalten bei ihren Spielen zeigten als die Dingos. Bei meinen Dingos, die bis zur 16. Lebenswoche ohne einander nicht leben wollten, hatte sich etwa bis zum 7. Lebensmonat eine sehr harte Rangordnung herauskristallisiert. Dies ging so weit, dass ein Dingorüde, und später auch eine Hündin, nicht mehr zu fressen wagten. Kaum blickte einer der beiden überlegenen Rüden zu den unterlegenen Hunden, erstarrten sie oder gingen in die Flucht. Die beiden rangniedrigen Dingos wären verhungert, hätte der Betreuer nicht eine Möglichkeit gefunden, die beiden mit einem Trick zu füttern. Auch hier zeigte sich, dass für die Tiere nach ausgetragenen Rangordnungskämpfen die Körpersprache genügte, um keine Unklarheiten in der nunmehr geregelten Rangordnung aufkommen zu lassen.

▶ Die Lernfähigkeit der Welpen

Eine weitere Frage in meiner Welpenstudie betraf die Lernfähigkeit der Welpen.

Wie wir erfahren haben, müssen
unsere kleinen Welpen nicht nur die
Eindrücke aus der Umwelt wahrnehmen
und psychisch verarbeiten, sondern auch
alle Verhaltensweisen erlernen, die für
das unter Hunden übliche soziale System von Bedeutung sind. Da sich das
Leben der Hunde in der Regel im Zusammenleben mit dem Menschen ab-
spielt, müssen die Welpen in ihrer intensivsten Lernzeit auch noch den Umgang
mit dem Menschen erlernen.

Die soziale Ordnung darf im Spiel hintan gestellt werden.

In diesem Falle jedoch denke ich, sind wir Menschen gefordert. Wir Menschen müssen den Umgang mit dem Welpen erlernen, damit keine Missverständnisse entstehen und der kleine Hund nichts Falsches lernt.

Wir Menschen müssen einerseits die Verhaltensweisen der Hunde kennen, die sie zur Verständigung anwenden, und andererseits wissen, wie ein Hund lernt, um vom Hund richtig verstanden zu werden.

Bei unseren oben beschriebenen Verhaltensbeobachtungen konnten wir bereits sehr unterschiedliche Möglichkeiten des Lernens bei den Welpen erkennen. Daher wollen wir uns jetzt ganz kurz mit der Lernpsychologie beschäftigen.

Der Umgang mit großen und kleinen Menschen will gelernt sein.

Links: Auch wir Menschen müssen lernen: Starres, frontales Stehen bedrückt den Hund.

Rechts: Dynamisches, seitliches Stehen entlastet den Hund.

DER VORGANG DES LERNENS ▶

»Den Ausgangspunkt eines Lernvorganges bildet stets eine Reizsituation. Im weiteren Verlauf des Lernens findet die psychische Bewertung statt. Dabei wird die wahrgenommene Situation vom Tier beurteilt. Hierauf folgt gewöhnlich eine Handlung des Tieres als Reaktion auf den anfänglichen Reiz.

Auf die Wiederholung des Reizes wird das Tier entsprechend der Erfahrung, die es in der Reizsituation gemacht hat, reagieren. Zunächst können die Reaktionen noch unkontrolliert ausfallen, werden aber aufgrund der Lernfähigkeit immer gezielter mit einer bestimmten Reaktion beantwortet. Zeigt das Tier als Reaktion immer die gleiche Handlung, ist der Lernvorgang abgeschlossen.« (Hund und Mensch im Zwiegespräch, 1993)

In meiner Welpenstudie kam es mir auf das Lernverhalten der Welpen an, das sich als Reaktion auf ihre Umwelt ergab. Hierbei können wir 4 typische Fälle registrieren:

Fall 1: Erkennt ein Hund einen Reiz als angenehm, wird er immer bestrebt sein – psychisch positiv getönt –, diesen Reiz wieder zu erlangen. Ein Beispiel: Rufen wir unseren Hund und loben ihn oder geben ihm ein »Leckerli«, wenn er kommt, wird er bei dieser positiven Erfahrung immer gerne zu uns kommen.

Fall 2: Erkennt ein Hund einen Reiz als unangenehm, wird er immer bestrebt sein – psychisch negativ getönt –, diesen Reiz in Zukunft zu meiden. Ein Beispiel: Rufen wir unseren Hund und strafen ihn für sein Kommen, wird er uns aufgrund der schlechten Erfahrung, die er mit uns gemacht hat, meiden.

Fall 3: Beobachtet und erkennt ein Hund, dass wir auf bestimmte, von ihm unbeabsichtigt gezeigte Verhaltensweisen positiv reagieren, wird er von sich aus dieses Verhalten wiederholen. Ein Beispiel: Der Hund findet einen Schuh von uns, nimmt ihn freudig in den Fang und bringt ihn unaufgefordert. Wir freuen uns, nehmen den Schuh und belohnen ihn dafür mit herzlichen Worten. Dadurch wird unser Hund positiv gestimmt und diese Handlung von sich aus wiederholen.

Fall 4: Stellt ein Hund fest, dass von ihm unbeabsichtigt gezeigte Handlungsweisen von uns negativ beantwortet werden, wird er vermeiden, sie in unserer Nähe auszuführen.

Ein Beispiel: Findet der Hund einen Schuh von uns und zerbeißt ihn, werden wir ihn wahrscheinlich entsetzt tadeln. In Zukunft wird er vermeiden, in unserer Nähe Schuhe zu zerkauen. Er wird psychisch negativ gestimmt, weil wir uns in dieser Situation negativ verhielten. Aus diesem Grunde wird er zukünftig *uns* meiden und nicht unsere *Schuhe*!, da »Schuhezerbeißen« für ihn eine angenehme Handlung ist. Das Missverständnis zwischen uns und unserem Hund ist perfekt!

Der Lernvorgang ist also abhängig von der Erfahrung, die der Hund in einer bestimmten Situation gemacht hat. Bei der einfachsten Form des Lernens wie 1 und 2 wirkt der Reiz direkt auf den Hund ein. Er ist direkt betroffen und reagiert sich zuwendend oder sich

Ob Stöckchen oder Schuh, der Hund zerlegt das eine so gern wie das andere. Wir Menschen sind da oft ganz anderer Meinung.

abwendend. So können auch Regenwürmer lernen.

Die wesentlich kompliziertere Form des Lernens finden wir, wenn der Hund z.B. mit sich selbst beschäftigt ist und an der Reaktion des anderen erkennt, dass sein Verhalten vom anderen positiv bzw. negativ bewertet wird. Jetzt ist nicht mehr er der Reagierende, sondern zunächst der andere. Seine Leistung liegt darin zu entscheiden, wie er mit der Reaktion des anderen umgeht, ob er seine Handlung wiederholt oder die Handlung lässt. Bei diesen Lernprozessen fallen die Erfahrungen, die ein Hund bereits gemacht hat, ganz besonders schwer ins Gewicht.

Es handelt sich hier also nicht mehr um einfache, lineare Reiz-Reaktions-Beziehungen, sondern um erheblich vielschichtigere Beziehungen.

Wir Menschen wollen nicht wahrhaben, dass ein Hund imstande ist, seine Umwelt bzw. seinen Freund Mensch so gut zu beobachten, dass er schlüssig darauf reagiert. Im Fall 4 liegt also für uns Menschen das Problem vor, unserem Hund einsichtig mitzuteilen, dass uns seine Handlung des »Schuhe-Zerbeißens« nicht gefällt. Gehen wir aber schon laut protestierend und schnell auf unseren schuhekauenden Hund los, erkennt er unsere unfreundliche Absicht und wird vor uns als »der Reiz ist negativ« fliehen. Er versteht nicht, dass das menschliche Verhalten meint: »Meine guten, teuren Schuhe sind nicht für dich, mein Hund, bestimmt!«

Wie können wir ein derartiges Problem lösen und verhindern, dass der Hund unser Verhalten falsch versteht?

Wir erkennen, dass unser Hund

unbefangen und mit Vergnügen unseren Schuh zerbeißt. Er kann ja nicht wissen, dass er das nicht soll. Wir gehen also *liebevoll* zu unserem Welpen hin und warten, bis wir den Schuh nehmen können. Unauffällig legen wir den Schuh wieder auf den Boden und warten bis er ihn entdeckt.

Jetzt können wir, bevor er den Schuh aufnimmt, mit unserer »Lass-sein-Stimme« sagen, dass er den Schuh nicht nehmen soll. Versteht er uns, belohnen wir ihn, spielen ein wenig mit ihm und wiederholen die Schuh-situation. Wir nehmen also den Schuh wieder, legen ihn wieder unauffällig in die Nähe des Hundes und sagen ihm, sobald er ihn aufnehmen will, dass wir dies nicht möchten. Am nächsten Tag wiederholen wir diese Schuhaktion nochmals, und wir werden feststellen, dass der Hund begriffen hat, dass Schuhe nicht für ihn bestimmt sind. Jetzt wird er den Zusammenhang ver-stehen und wissen, dass er zu seinem Freund Mensch volles Vertrauen haben kann, seine für ihn angenehme Hand-lung des Zerbeißens von Schuhen aber unerwünscht ist. Er wird dann auch nicht mehr, sich fürchtend, vor seinem Freund Mensch mit dem Schuh weg-laufen, sondern in Zukunft unsere Schuhe nicht mehr zerbeißen oder sie uns bringen.

Dieser kleine Ausflug in die Lernpsy-chologie lässt uns erkennen, wie schwierig es ist, sich unseren Hunden so mitzuteilen, dass sie uns richtig verstehen.

Wollte ich in meiner Welpenstudie keine Missverständnisse in der Ver-ständigung zwischen den kleinen Hun-den und mir entstehen lassen, musste ich dieses Lernverhalten der Hunde genau kennen. Ich hätte sonst viel-leicht psychische Lernstörungen ver-ursacht und somit falsche Ergebnisse bekommen.

DER TEST ZUR LERNFÄHIGKEIT ▶

Meine 17 Welpen in dieser Studie soll-ten eine Verhaltenssequenz lernen, die in zwei Teilsequenzen aufgegliedert wurde. Der erste Teil sollte bis zur 12. Lebenswoche erlernt sein und betraf das Bringen von Gegenständen. Der 2. Teil, für den die erste Sequenz Voraus-setzung war, sollte bis zur 18. Lebens-woche erlernt werden.

Die Übungseinheiten waren für die 2. Sequenz auf 10 Einheiten festgelegt. In der 18. Lebenswoche erfolgte das Abschlusstraining. Das Ergebnis wurde auf einem Videofilm festgehalten.

Die Handlungssequenz: Die Welpen sollten eine für sie fremde Person in einem für sie unbekannten Suchgebiet (das konnte eine Waldfläche oder ein unwegsames Gelände sein) mindes-tens 5 Minuten suchen, finden und mir mitteilen, dass sie und wo sie gefunden hatten.

Die erste Handlungssequenz

Zunächst lernte der Welpe, seine Spiel-beute gezielt in seine Schlafkiste ein-zutragen. Saß der kleine Welpe z.B. in seiner Schlafkiste, nahm ich sein Lieblingsspielzeug, hielt den kleinen Hund sanft zurück und warf es etwa 1,5 m von ihm weg. Natürlich wollte er dieser sich »bewegenden« Beute nach-laufen. Ich gab ihn frei, und er setzte der Beute nach. Jetzt kam mir das angeborene Verhalten des Hundes zu Gute, das ihn veranlasst, bis etwa zur

12. Lebenswoche die »gefangene« Beute ins »Nest«, in die Sicherheit einzutragen. Am »Nest« saß ich, freute mich über das Kommen des Hundes. Nachdem er die Beute ins Nest gebracht und dort fallen gelassen hatte, wurde er von mir besonders gut belohnt. Es bedurfte nur weniger Wiederholungen, bis der kleine Hund diesen Vorgang begriffen hatte.

Ebenso schnell begriff er, in seinem »Nest« sitzen zu bleiben, um mich beim Wegtragen der Beute beobachten zu können. Er wartete auf mein Zurückkommen und durfte dann seine Beute, die ich allmählich immer schwieriger und immer öfter auch außer Sichtweite des Hundes versteckte, holen. Nach wie vor trug er sie in »sein Nest« ein, das er in dieser Situation jedoch mit meiner Gegenwart assoziierte.

Als nächstes nahm ich seine Schlafdecke, die sein »Nest« symbolisierte, in den Garten und verlor sie. Der Welpe entdeckte sein »Nest« und legte oder setzte sich wie selbstverständlich darauf. Das brachte ihm natürlich großes Lob ein. Hatte er das verstanden, begann ich wieder, wie schon im Haus, seine Beute wegzutragen, zu ihm zur Decke zurückzukommen und, wie immer, ihn loszuschicken. Er holte die Beute und trug sie auf die Decke, also in sein »Nest« ein.

Hatte er das gut verstanden, nahm ich die Decke, wenn er seine Beute holte, schnell weg, bevor er noch mit seiner Beute zurückkam: Jetzt war nur noch ich vorhanden, so dass der Hund, da er bereits an den Ablauf gewöhnt war, mir anstandslos die Spielbeute überließ. (Diesen Vorgang lernten auch meine Dingos, allerdings brauchten sie

1 bis 8 Eintragen der Beute ins »Nest«; Golden Retrievermischling (8 Wochen)

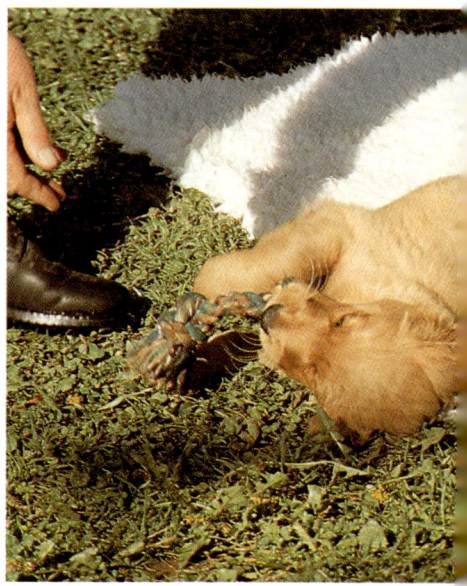

dazu 4 Wochen länger, aber nicht weil sie »dümmer« als europäische Haushunde wären. Dingos sind in der freien Natur ungeheuer aufmerksam und vorsichtig, sie lassen sich daher von jedem Geräusch oder neuem Geruch ablenken und vergessen dabei im Moment die Lernsituation.)

Im Alter von 12 Lebenswochen hatten alle Welpen, auch diese, die ich

erst mit 11 Wochen übernommen hatte, gelernt, sitzen zu bleiben, zu warten, bis ich die Beute weggetragen hatte und wieder zurückgekommen war, Kontakt hergestellt hatte und sie losschickte, die Beute zu holen. Sie brachten in freudiger Erwartung die Spielbeute zurück und wurden entsprechend herzlich belohnt.

Die zweite Handlungssequenz

Jetzt, nachdem alle Welpen diesen ersten Handlungsablauf beherrschten,
nahm eine Person die Spielzeugbeute
des Welpen mit, lief ein kurzes Stück
davon und legte sich auf den Boden. Es
war, außer für die russische Husky-
hündin, für keinen der Welpen ein
Problem, von der fremden Person die
Beute zu holen und mir zu bringen.
Die Huskyhündin zeigte ausgeprägtes
Scheuverhalten der liegenden Person

gegenüber. Sie lernte jedoch, die Scheu zu überwinden und konnte dann auch ihre Spielbeute holen und zu mir bringen.

Wurde das Spielzeug gebracht, nahm ich es wie immer nicht sofort weg, sondern spielte ein wenig mit dem kleinen Hund. Als ich mit dem Spiel aufhörte und ihn fragte: »Wo hast du denn gefunden?«, machte sich die Person bemerkbar. Sogleich lief der kleine Welpe neugierig wieder zurück.

Suchen einer verschwundenen Person; Belgische Schäferhündin (13 Wochen)

7

8

10

11

Jetzt wurde der Hund an Ort und Stelle belohnt.

Für alle Welpen war es nur noch ein kleiner Schritt, nach Abgabe der Spiel-beute einen geschlossenen Futterbeutel von mir zu übernehmen, wieder zur »Spielbeuteperson« zurückzulaufen und sich am Fundort aus dem Beutel mit Hochgenuss die besonders guten Leckerbissen schmecken zu lassen.

9

Diese durchaus anspruchsvolle Handlungskette beherrschten alle 17 Welpen, ob mit oder ohne Test ausgewählt, im Alter von 18 Lebenswochen. Jeder von ihnen konnte konzentriert mindestens 5 Minuten suchen. Jeder von ihnen fand die fremde Person, kehrte zu mir zurück, um mir dies mitzuteilen und führte mich an den Fundort zur gesuchten Person hin.

▶ Die Lernergebnisse

Es waren maximal 8 Übungen notwendig, bis jeder Welpe den ersten Handlungsablauf begriffen hatte.

Alle 17 Welpen konnten im Alter von 13 Wochen eine Person, die sie weggehen sahen, aber nicht beobachten konnten, wohin diese ging, selbstständig suchen, finden, ihr Spielzeug nehmen, es mir bringen, den Futterbeutel von mir übernehmen und zum Fundort wieder zurücklaufen. Natürlich ist die Konzentrationsfähigkeit eines so jungen Hundes noch relativ kurz, so dass die Suche nicht länger als 2 Minuten dauern durfte.

Beim zweiten Schritt in diesem Lernprogramm sollte der Welpe das Gelernte auch dann anwenden, wenn er keine Person weglaufen sah und das Suchgebiet für ihn unbekannt war.

Für diesen Lernvorgang, der ab der 14. Lebenswoche trainiert wurde, waren maximal 10 Übungseinheiten angesetzt und die Suchzeit auf 5 Minuten begrenzt.

▶ Die Wiedergabe des Gelernten

Nun war die Frage, ob diese Handlungskette, wenn sie nach der 18. Lebenswoche nie wieder wiederholt wurde, vergessen oder im Gedächtnis behalten wurde.

»Leider« wurden 9 von den 17 Welpen als Rettungshunde zu Flächensuchhunden ausgebildet, so dass dieser Handlungsablauf weiter trainiert worden war und die Hunde für mich nicht mehr für einen weiteren Test in Frage kamen. Trotzdem hatte ich doch noch die Möglichkeit, mit wenigstens 4 Hunden (einem Bearded Collie, einem Border Collie, einem Dackel und einem Golden Retriever) diesen Suchtest nach etwa 2 Jahren zu wiederholen. Dabei konnte ich sicher sein, dass die Hunde in diesem Zeitraum nicht zufällig dafür trainiert wurden, denn keiner der Besitzer kannte diese Übungseinheit.

Alle 4 Hunde dieser unterschiedlichen Rassen beherrschten nach dem Ablauf von mindestens zwei Jahren den Handlungsablauf so perfekt, als seien sie am Tag zuvor noch trainiert worden. Es war nichts vergessen worden, obwohl nie mehr geübt worden war!

Ein Golden Retriever wechselte im Alter von 3 Jahren den Besitzer und kam zu einem Hundeliebhaber, der sich sehr für meine Studien interessierte. Dieser wollte wissen, ob der Hund noch andere Handlungen im Gedächtnis behalten hatte, die in der Vergangenheit nie mehr geübt worden waren.

Er erinnerte sich, dass die Welpen gelernt hatten, sobald sie draußen ihre Schlafdecke oder ein entsprechend großes Kleidungsstück von mir entdeckt hatten, sich ohne Aufforderung darauf zu legen und liegen zu bleiben.

Also ging er mit seinem 3 Jahre alten Hund spazieren, verlor ohne Wissen des Hundes seinen Anorak und passierte irgendwann beim Spaziergang diesen Ort. Der Hund hatte den Geruch des Kleidungsstücks in die Nase bekommen, lief hin, schnupperte intensiv, wedelte aufgeregt mit der Rute und ... legte sich darauf!

Noch beeindruckender war ein Test, der sich zufällig ergab. Ich hatte ein Bearded-Collie-Treffen arrangiert, zu dem die bei mir geborenen nunmehr 9 und 12 Jahre alten Beardies eingeladen waren. Dabei war diese Hündin, die bis zur 18. Lebenswoche die beschriebene Personensuche gelernt hatte, die bis zum Alter von 3 Jahren nie mehr trainiert worden war und beim späteren Suchtest bewiesen hatte, dass sie nichts vergessen hatte. Eine andere Hündin hatte erst im Alter von 1,5 Jahren die Gelegenheit, diese Handlungskette der Personensuche zu lernen. Sie beherrschte ihre Aufgabe sehr gut. Nach einem Jahr Training (die Hündin war 2,5 Jahre alt) hatte der Hundeführer keine Zeit mehr und hörte mit den Übungsstunden auf.

Beide Hündinnen hatten also nach 2,5 bzw. 3 Lebensjahren nie mehr eine Person gesucht.

Beide Hündinnen waren beim Treffen topfit. Wir führten jeweils eine Personensuche durch. Die Hündin, die ihre Aufgabe im Welpenalter gelernt und nach 2,5 Jahren wiederholt hatte, wusste nach dieser Übungspause von 6 Jahren noch ganz genau, was sie sollte. Sie suchte, sie fand und sie teilte, wie sie es gelernt hatte, mit, dass sie und wo sie gefunden hatte.

Die andere Hündin, die erst im Alter von 1,5 Jahren diese Suchaufgabe erlernt hatte und ein ganzes Jahr für diesen Handlungsablauf trainiert wurde, hatte alles vergessen. Sie konnte sich an nichts mehr erinnern. Sie wusste nicht, was sie sollte, ging spazieren und interessierte sich nur mit einem kurzen Schnuppern für die liegende Person.

Dieses Ergebnis möchte ich nicht überbewerten. Es könnte ein Zufall sein. Es könnte aber auch kein Zufall sein! Dann wäre dieses Ergebnis eine Bestätigung dafür, dass ein Welpe in seiner intensivsten Lernzeit einmal Gelerntes nie wieder vergisst.

▶ Auf einen Blick!

Die Wiedergabe des Gelernten

Die Ergebnisse dieser Studie führen zu wichtigen Erkenntnissen. Es wurde herausgefunden, dass die intensivste Lernfähigkeit und Lernkapazität beim Hund in die Zeit des Stadiums der Eroberung der Umwelt, also in die Welpenzeit, fällt.

Es wird deutlich, wie intensiv und welche Mengen Welpen in den unterschiedlichsten Lebensbereichen in dieser Zeit lernen können.

Es zeigt weiterhin, mit wie wenig Übungswiederholungen ein komplizierter Handlungsablauf gelernt werden kann.

Es hat sich gezeigt, dass in dieser Zeit der Eroberung der Umwelt einmal Gelerntes nie wieder vergessen wird.

Es war kein Unterschied im Lernergebnis dieser 17 Welpen zu erkennen, ob sie mit oder ohne Test übernommen worden waren.

Lernhemmungen tauchten nur bei der russischen Huskyhündin auf, die ein ausgeprägtes Scheuverhalten fremden Menschen gegenüber hatte. Aus diesem Grunde wurde für das Training der zweiten Handlungssequenz eine etwas längere Übungszeit benötigt als bei den anderen Hunden. War dieses psychische Problem gelöst, verlief der Lernprozess genauso wie bei den anderen. Dieses Problem hatte also nichts mit der Lernfähigkeit dieses Hundes zu tun. Alle 17 Hunde meisterten ohne Hilfe selbständig ihre Suchaufgabe.

Ausblick: Was wurde aus den Welpen?

Eine oft gestellte Frage möchte ich noch beantworten: Was ist aus den 17 Hunden, die dieses Lerntraining bei mir absolvierten, geworden?

Wie ich schon erwähnte, wurden 9 Hunde (und im Alter von 4 Jahren noch ein weiterer Hund) als Flächensuchhunde für vermisste Personen ausgebildet.

Davon meistern 2 Golden Retriever, 1 Belgischer Schäferhund, 1 Deutsch Langhaar (jetzt im Alter von 11,5 Jahren) und 1 Golden-Retriever-Setter-Mischling mit großem Erfolg ihre Aufgaben. Eine Deutsche Schäferhündin war noch aktiv im Einsatz im Alter von 13 Jahren. Sie starb im Alter von 14,5 Jahren. 2 Belgische Schäferhunde waren psychisch nicht belastbar. Sie beherrschten ihre Aufgabe exzellent, konnten jedoch diese unter Stressbedingungen nicht erfüllen.

Eine Deutsche Schäferhündin, die in meiner Studie ganz hervorragende Fähigkeiten für die Suche zeigte, konnte eine andere Art der Ausbildung, die über die negative Körpereinwirkung über den Hals erfolgte, nicht wegstecken. Sie lernte in der Nähe ihres Menschen eifrig und korrekt zu arbeiten. Sobald sie sich jedoch außerhalb des Einflussbereiches ihres Menschen befand, führte sie ihre Suchaufgaben nicht mehr zuverlässig aus. Das führte dazu, dass sie in der Nähe ihres Menschen »funktionierte«. Manchmal tat sie auch nur so, als suchte sie eifrig. So hielt sie ihren Menschen bei guter

Stimmung! Suchte sie nach einer Person und war weit genug von ihrem Menschen entfernt, verriet sie oft nicht, wenn sie gefunden hatte, sondern tat so, als sei nichts zu finden gewesen. Das führte natürlich häufig zu großer Unzufriedenheit bei ihrem Menschen. Die wichtige Vertrautheit, die zwischen einem Hund und seinem Menschen für eine gute Zusammenarbeit ausschlaggebend ist und ihn bei der Arbeit zuverlässig werden lässt, hat sich in diesem Falle offensichtlich nicht entwickeln können. Die Hündin starb im Alter von 7 Jahren an einem Magendurchbruch.

Eine Deutsche Schäferhündin steht noch voll in der Ausbildung, so dass man nur eine Prognose stellen kann, die jedoch auf einen vielversprechenden Suchhund hinweist.

Die beiden Dackel: Die Hündin absolvierte folgende Prüfungen jeweils mit sehr gutem Erfolg: Spurlaut Jugend, Schweißprüfung auf einer Kunstfährte, Vielseitigkeitsprüfung VP, Bauprüfung und die Begleithundeprüfung für Dackel. Der Rüde absolvierte die Vielseitigkeitsprüfung mit höchster Punktzahl. Er starb im Alter von 1,5 Jahren bei einem Unfall.

Die russische Huskyhündin wird als Schlittenhund eingesetzt und läuft heute problemlos als Leithündin. Bei dieser Hündin zeigte es sich besonders deutlich, wie stark ein Hund in der Zeit der intensivsten Lernzeit von der Umwelt geformt wird. Unter den Schlittenhunden, die ausschließlich für Schlittenhunderennen trainiert werden, ist es nicht üblich, einen Hund in der Welpenzeit im Haus zu halten, ihn das Bringen von Gegenständen zu lehren und ihn für die Personensuche zu trainieren. Diese Hündin betreute ich nur 7 Wochen und gab sie danach an den Züchter zurück. Sie lebte dort, wie alle anderen Hunde, im Zwinger mit den anderen zusammen. Der Züchter berichtete mir, dass er diese Hündin als einzige zu Hause und auch nach einem Rennen frei lassen könne, da sie sehr gut gehorche und nicht wegliefe. Es fiele auf, dass sie sich sehr gerne im Hause aufhalten würde. Das käme den anderen Hunden gar nicht in den Sinn. Werde sie eingespannt, säße sie ganz ruhig, ließe sich das Geschirr anziehen und warte darauf, dass es losgehe. (Sie hatte bei mir gelernt, beim Anleinen still zu sitzen!). Die anderen Hunde hingegen zeigten sich aufgeregt zerrend, bellend und jaulend. Diese Hündin sei äußerst »vornehm« und wirke, als habe sie das »Abitur« gemacht. Es ist interessant, dass auch hier diese Hündin, obgleich alles, was sie bei mir gelernt hatte, für das Training zum Schlittenhund unwichtig war und daher nicht wiederholt wurde, beibehalten hat und dieses gelernte Verhalten, wie z.B. das ruhige Sitzen ohne Aufforderung, in einer entsprechenden Situation von sich aus zeigt.

Der Border Collie: Auch hier sagte mir der Züchter, diese Hündin zeichne sich durch besonders gute Leistungen aus. Sie schloss alle ihre Hüteprüfungen mit großem Erfolg ab.

Die Bearded Collies (2 Hündinnen, 1 Rüde): Sie lernten sehr schnell und leicht. Sie blieben aber alle drei Familienhunde ohne zusätzlichen Beruf. Eine Hündin starb an einem Schlaganfall im Alter von 14 Jahren. Eine Hündin ist jetzt 12 Jahre. Der Rüde kam im Alter von 1,5 Jahren abhanden und wurde nie wieder gefunden.

Die Umsetzung der Ergebnisse in das Welpentraining

Die Umsetzung der Ergebnisse in das Welpentraining

Zur Problematik der Mensch-Hund-Gemeinschaft

Wir Menschen fordern von unseren Hunden Verhaltensweisen, auf die wir im Zusammenleben mit ihnen nicht verzichten können und dürfen, die aber den psychischen und sozialen Bedürfnissen des Hundes nicht gerecht werden. Sie werden nicht nur nicht gerecht, sondern widersprechen in den meisten Fällen den Verhaltensmustern des Hundes.

Wir wollen uns nochmals die psychischen Bedürfnisse des Welpen vor Augen halten.

▸ Die psychischen Bedürfnisse des Hundes

Bis zu einem Alter von etwa 12 Wochen ist der Welpe noch sehr stark an seine Hundefamilie gebunden. Fürchtet er sich beispielsweise, wird er immer in die Nähe seiner Mutter oder seiner Geschwister flüchten, um dort Schutz zu finden. Der Mensch ist für den Welpen bis zu diesem Zeitpunkt nur ein sehr angenehmes »Nebenbei«. In dem Augenblick allerdings, in dem er aus seiner Hundefamilie herausgenommen und seiner Menschenfamilie zugeordnet wird, ändert sich die Bedeutung des Menschen für den Hund grundlegend.

Der kleine Welpe sucht jetzt, wie vorher in seiner Hundefamilie, die Geborgenheit, die Geselligkeit und das Vertrauen bei seinem Menschen. Werden wir Menschen diesen Bedürfnissen des Hundes vor allen Dingen in diesem Alter gerecht, wird sich unser Hund zu einem selbstsicheren, souveränen, erwachsenen Familienmitglied entwickeln. Unser Wunsch, einen zufriedenen, in sich ruhenden Partner zu haben, wird sich erfüllen, und er wird uns ebenfalls Zufriedenheit und Freude schenken.

Bis etwa zu einem Alter von 3–4 Monaten wird sich der Welpe also besonders eng an seinen Menschen binden, ihm auf Schritt und Tritt nachfolgen und unglücklich jaulen, wenn er sich alleine gelassen fühlt. Auch beim Spaziergang außerhalb seines noch kleinen Lebensbereiches schließt er sich eng an seinen Menschen an und sucht Schutz bei ihm, falls ihm etwas Ungewöhnliches, nicht Einschätzbares begegnet. Geborgenheit, Geselligkeit und Vertrauen, das ist die Basis für das Zusammenleben von Mensch und Hund.

▶ Die Antwort des Menschen darauf

Wir schenken dem Welpen Geborgenheit, wenn wir ihm z.B. die Möglichkeit eines ruhigen Schlafplatzes in unserer Nähe geben. Wir geben ihm Geselligkeit, wenn wir unseren Hund mit uns zusammenleben lassen, und er damit immer wieder die Zugehörigkeit zu unserer Familie spüren kann. Wir schenken ihm Vertrauen, wenn wir seinem Bedürfnis nach Geborgenheit und Geselligkeit nachkommen und ihn die Spielregeln, die im Zusammenleben zwischen Mensch und Hund notwendig sind, so lehren, dass er sie verstehen kann.

Es ist nicht immer einfach, den kleinen Welpen davon zu überzeugen, dass er z.B. nicht zu jedem Artgenossen oder zu jedem Menschen hinlaufen darf, dass nicht alles fressbar ist, was er draußen findet, dass er nicht alles verfolgen darf, was sich bewegt und ihm interessant erscheint, oder dass er sich beim Tierarzt ruhig verhalten soll, wenn er untersucht werden muss und noch vieles, vieles mehr.

▶ Die Forderungen des Menschen an den Hund

Jetzt kommen wir zu den gegensätzlichen Wünschen von Mensch und Hund. Der Hund muss zwei sehr unterschiedliche Aufgabenbereiche bewältigen:

▶ Er darf etwas nicht tun, was er gern möchte.

▶ Er soll etwas tun, was er nicht gerne möchte.

Es werden von ihm Verhaltensweisen gefordert, die für ihn völlig absurd sind, weil sie »unhundlich« sind. Dafür hat er keine Motivation oder lehnt diese Aufgaben sogar ab.

Wir Menschen müssen versuchen, die Lernbereitschaft des Hundes auf der einen Seite in gewünschte Bahnen zu lenken und auf der anderen Seite, Motivation zu setzen, damit der Hund auch für diese »unhundlichen« Aufgaben Bereitschaft zeigt, sie zu lernen.

▶ Die »unhundlichen« Aufgaben

Wir wenden uns zunächst den Aufgaben zu, die für den Hund »unhundlich« sind.

Ein Hund wird nie verstehen – weil es sein Bedürfnis nach Geselligkeit verletzt –, warum er alleine zu Hause oder im Auto bleiben soll oder liegen bleiben muss, wenn sein Freund Mensch weggeht. Er wird auch nicht verstehen, warum er an der Leine laufen soll, wo es doch um ihn herum soviel Interessantes gibt. Oder warum er zu seinem Freund Mensch zurückkommen soll gerade in dem Augenblick, wo sich ein »Treff« mit einem Artgenossen ergeben könnte.

Für das Zusammenleben mit uns Menschen ist es aber unumgänglich, dass ein Hund folgende Verhaltensweisen lernt:

▶ Die Leinenführigkeit: Ohne Ziehen an der Leine zu gehen,

▸ das Alleinbleiben: Für kurze Zeit alleine zu bleiben,

▸ das Sitzen- bzw. Liegenbleiben,

▸ das Zurückkommen oder Verharren (auf Ruf zu seinem Menschen zurück zu kommen oder auf Ruf an Ort und Stelle zu verharren).

Diese Aufgaben soll er so gut beherrschen, dass er sie unter *jeder* Ablenkung auch erfüllen kann.

Oft wird mir gesagt, dass der Hund alle diese Aufgaben erfüllt, aber nur, wenn keine Ablenkung vorhanden ist. Ganz sicher muss der Hund diese Verhaltensweisen zunächst ohne Ablenkung lernen. Jedoch nützt das Gelernte nur dann etwas, wenn der Hund auch unter Ablenkung gehorcht. Wenn der Hund also, obwohl er z.B. einen anderen Artgenossen sieht, auf Ruf zurückkommt. Für den Hund muss sein Freund Mensch immer wichtiger bleiben als jede Ablenkung!

Für das Erlernen der »unhundlichen« Aufgaben nützen wir Verhaltensweisen aus, die der Welpe von sich aus zeigt und lenken sie so in Bahnen, dass sie für den Welpen bereits zur Gewohnheit geworden sind, bevor er überhaupt bemerkt, was von ihm verlangt wird. Sein angeborenes Neugier- und Erkundungsverhalten, gekoppelt mit seinem Bedürfnis nach Geborgenheit und Geselligkeit, lassen ihn die für den Hund so ungewöhnlichen Aufgaben erlernen und sich dabei wohl fühlen.

Oft frage ich mich, ob der kleine Welpe sich in manchen Situationen überhaupt in der Obhut des Menschen wohlfühlen kann, wenn er z.B. mit einem dünnen, schmalen Halsbändchen versehen an einer Leine geführt wird, die meistens nicht länger ist, als der Hund selbst. Der kleine Welpe kann sich überhaupt nicht fortbewegen, ohne an der Leine zu ziehen. Zieht er, wird er auch noch von seinem Menschen sehr heftig zurückgezogen und somit geradezu stranguliert.

Mit Schrecken sehe ich immer wieder, wie die kleinen Hunde an der Straße oder auf dem Rasen entlanggezogen werden. Oft begegnen sich Welpen, die an der Leine gehalten werden. Jetzt geht die »Zieherei« los. Die Hunde wollen natürlich Kontakt zueinander aufnehmen. Sie ziehen also zum anderen hin. Der »verständnisvolle« Mensch lässt seinen Welpen über das »Ziehen« zum Erfolg kommen, weil er sagt: »Naja, der Kleine muss doch spielen.« Wie aber sieht das Spiel an der Leine aus? Es ist ein Hin- und Hergeziehe, bei dem sich ein echtes Spiel gar nicht entwickeln kann. Der Hund lernt, das unangenehme Ziehen zu ignorieren und überspielt dies mit einem unnatürlich heftigen Spiel. Glaubt der Mensch, jetzt genügt die Begegnung, zieht er seinen Hund wieder weg und zieht ihn mit sich. Der Hund jedoch würde sich gerne noch länger mit dem anderen beschäftigen. Also zieht er nicht mehr nach vorne, sondern dahin, wo sein Spielkamerad läuft.

Das bedeutet, dass wir unseren Hund das unerfreuliche Ziehen an der

Russische Husky-hündin (18 Wochen) gehorcht unter jeder Ablenkung.

Leine lehren, statt es sich gar nicht erst entwickeln zu lassen.

Das Fatale dabei ist, dass ein Welpe, wie wir wissen, alles, was er in dieser intensiven Lernzeit gelernt hat, nie wieder vergisst.

Jetzt wundern wir uns nicht mehr, wenn wir so unendlich viele Hunde sehen, die an der Leine ziehen und deswegen mit Würge- und Stachelhalsbändern oder mit anderen Quälinstrumenten gehandhabt werden und damit häufig unnütz Schmerzen zugefügt bekommen, weil sie trotzdem ziehen!

Wie wir das An-der-Leine-Gehen trainieren können, beschreibe ich im nächsten Kapitel (Seite 68 ff.).

Nur so viel zu den Begegnungen mit Hunden: Grundsätzlich sollten wir bei Begegnungen darauf achten, entweder, wenn es geht, beide Hunde frei zu lassen oder beide Hunde an der Leine zu halten. In dieser Leinensituation sollten wir sie dann allerdings aus genannten Gründen nicht zueinander lassen.

Es gibt aber auch viele Menschen, die das Dilemma mit der zu kurzen Leine und dem Halsband erkennen und lassen daher ihren kleinen Welpen immer frei laufen. Aber auch dabei können leicht Probleme entstehen. Das geschieht immer dann, wenn dem Welpen eine Gefahr droht. Jetzt greift der Mensch ein und schnappt sich mit einer schnellen Bewegung seinen kleinen Hund.

Schnelle Bewegungen und ein schnelles Greifen nach dem Hund erschrecken und verunsichern den Welpen so, dass das Vertrauen vom Hund zu seinem Menschen schwer erschüttert wird! Der Welpe versucht in diesen Situationen auszuweichen oder sogar in die Flucht zu gehen. Oft ist der Mensch dann ganz enttäuscht, wenn er sieht, dass ihm sein kleiner Welpe ausweicht.

Ein Welpe, der immer frei laufen darf, wird nie lernen, mit seinem Menschen unter Ablenkung in Verbindung zu bleiben. Für ihn werden mit wachsendem Alter die Ablenkungen in der Umwelt immer wichtiger und der Abstand zu seinem Menschen immer größer. Er weiß, sein Mensch wird ihn nie verlassen! Er kann sich bedenkenlos auf ihn verlassen! Sein Mensch teilt ihm das ja über sein Rufen mit und wartet geduldig, bis er irgendwann zurückkommt. Er lässt ihn nicht im Stich! Auch hier gilt wieder: Was der kleine Welpe in der intensivsten Lernzeit lernt, vergisst er nie wieder!

Wir haben an zwei Beispielen gesehen, wie schwierig es für uns Menschen ist, den Hund beim Erlernen seiner Aufgaben so zu führen, dass er uns nicht falsch versteht. Die auf diese Weise entstandenen Probleme, das »ewige« Ziehen an der Leine oder die »deprimierende« Ignoranz des Hundes seinem Menschen gegenüber, wenn er frei ist, sind oft später sehr schwer wieder in richtige Bahnen zu lenken.

> ### Auf einen Blick!
>
> #### Zur Problematik der Mensch-Hund-Gemeinschaft
> Der Mensch fordert vom Hund Verhaltensweisen, die in vielen Fällen seinen psychischen und sozialen Bedürfnissen widersprechen.
> Der Mensch muss die »hundlichen« Verhaltensweisen genau kennen.
> Mit diesem Wissen wird es ihm gelingen, den Hund an von Menschen gewünschte Verhaltensweisen zu gewöhnen, ohne ihn in seinen »hundlichen« Bedürfnissen zu verletzen.

Voraussetzungen für das Training

Wir wollen jetzt versuchen, mit unserem Wissen über die psychisch-sozialen Bedürfnisse eines Hundes und deren Entwicklung einen Weg zu finden, der den Hund die »unhundlichen« Aufgaben erlernen lässt, ohne ihn in seinem Vertrauen zu seinem Menschen zu verletzen und ohne ihn in seinem Verlangen nach Geborgenheit und Geselligkeit zu frustrieren.

▶ Das Handwerkszeug

Bevor wir an das Training der »unhundlichen« Aufgaben gehen, müssen wir uns Gedanken über das Handwerkszeug machen, das wir dafür benötigen. Wir legen unserem Hund kein Halsband, sondern ein Brustgeschirr an. Dieses sollte unbedingt ein Brust- und ein Rückenstück haben. Weiterhin muss es verstellbar sein, so dass es dem Körper des Hundes gut angepasst werden kann. Dazu gehört eine 3 m lange Lederleine, die aus einem Stück gefertigt ist und an der keine Ringe aus Metall befestigt sind, damit sie verkürzt werden kann. So eine Leine hat sich bewährt:

Sie gleitet gut in der Hand, der Schmutz bleibt nicht, wie bei Stoffleinen daran hängen, und weiterhin verwickelt sie sich kaum in den Beinen des Hundes.

Begründung: Der Hals des Hundes ist für die Entwicklung seines Sozialverhaltens ein äußerst bedeutender und überaus sensibler Körperbereich. Er ist sozusagen die soziale Empfangsstation, die für positive und negative Zuwendung höchste Empfindsamkeit zeigt. Dabei konnte ich beobachten, dass Hunde dem Hals auch noch bestimmte Funktionsbereiche zuordnen.

Der Nacken und die Kehle dienen der Regelung der Unterlegenheit. Die beiden Seiten des Halses rechts und links gehören den intimen Freunden. Damit sind unter Hunden die zur Hundegemeinschaft gehörenden Mitglieder und beim Menschen die Personen gemeint, die mit dem Hund im engsten Familienverband leben.

Die Kehle ist der empfindlichste Teil des Halses. Der Hund bietet sie dem Menschen noch zusätzlich für intensivstes Streicheln an. Dies kann er aber nur dann, wenn er ganz besonders entspannt ist und großes Vertrauen zu seinem Menschen hat.

Die 3 m lange Lederleine soll dem Welpen die Möglichkeit geben, sich in einem bestimmten Radius kontrolliert bewegen zu können, ohne sofort im Zug zu sein.

Wenn wir also mit unserem Welpen außer Haus und Garten gehen, sollte er immer mit dem Geschirr und der daran befestigten Lederleine ausgestattet sein. Erlaubt es die Situation, halten wir die Leine nicht in der Hand, sondern lassen sie einfach schleifen. So können wir bei Gefahr für den Hund das Ende der Leine greifen und den

Das Handwerkszeug: ein Brustgeschirr und eine 3 m lange Lederleine.

Hund anhalten. Auf diese Weise müssen wir unserem Hund nicht nachlaufen und ihn greifen, um ihn vor Gefahren zu schützen.

Wir wissen: Schnelles Greifen nach dem Hund verunsichert ihn und führt zu gravierenden Missverständnissen zwischen Hund und Mensch.

▶ Die Schulung der Aufmerksamkeit

Möchten wir uns mit dem Hund verständigen, brauchen wir seine Aufmerksamkeit. Schenkt er sie uns, wird er uns ansehen und uns so signalisieren, dass er zur Verständigung bereit ist. Wir brauchen also den Kontakt über das Auge: Selbstverständlich muss der Hund ein intaktes Sehvermögen haben. Ich glaube, dass ein Hund, der von Geburt an blind ist, sich niemals korrekt mit seinen Artgenossen verständigen könnte.

Der eine muss den anderen sehen können, damit er die Körpersprache wahrnehmen, sie interpretieren und sein Verhalten entsprechend der Wahrnehmung darauf einstellen kann. Das setzt hohe Aufmerksamkeit voraus. Weiterhin ist ein entsprechender Abstand notwendig, damit der andere in seiner vollen Größe gesehen werden kann. Es muss jede kleinste Bewegung registriert werden, damit die Informationen, die über die Körpersprache ausgesendet werden, richtig interpretiert werden und die darauf abgestimmte Handlung erfolgen kann.

Wir kommen wieder zu unserem kleinen Welpen, den wir gerade übernommen haben. Sobald er sich bei uns ein wenig eingelebt hat, können wir sehr schön beobachten, wie er vieles, was wir tun, mit seinen Blicken verfolgt.

▶ Auf einen Blick!

Das Handwerkszeug

Der Hals des Hundes ist ein Körperbereich, der überaus empfindlich für soziale Mitteilungen ist. Er ist äußerst empfänglich sowohl für positive als auch negative Kontakte.

Die Verwendung gut angepasster Brustgeschirre verhindert falsche Informationen über den Hals. Die Länge der Leine von 3 m soll dem Hund die Möglichkeit geben, sich auch an der Leine zu bewegen und seinem Menschen, ohne zu ziehen oder gezogen zu werden, folgen zu können.

Seine ganze Aufmerksamkeit gilt dem Geschehen. Dabei sitzt er und verhält sich ruhig. Genau dieses Verhalten nützen wir für unser Training aus.

Treten wir mit unserem Hund in Kontakt, brauchen wir als erstes die volle Aufmerksamkeit des kleinen Welpen. Dafür sprechen wir ihn mit seinem Namen an und warten, bis er darauf reagiert. Wird er aufmerksam,

Ohne Aufmerksamkeit keine Kommunikation.

gehen wir ein paar Schritte rückwärts und bleiben wieder stehen. Mit unserer Bewegung des Zurückgehens wird unser Hund neugierig und läuft auf uns zu. Bleiben wir stehen, wird auch der kleine Hund höchst gespannt stehen bleiben und zwar genau in dem Abstand, der seiner Individualdistanz entspricht. Zur Lösung der Spannung gehen wir zwei kleine Schritte schräg zurück. Um die Aufmerksamkeit des neugierigen Hundes zu halten, gehen wir wieder auf ihn zu und führen dabei die Hand in Brusthöhe. Diese Handbewegung wird der Hund aufmerksam mit den Augen verfolgen. Warten wir eine kleine Weile, dann wird er sich »aus Versehen« setzen.

Als Lob für sein Sitzen gehen wir wieder schräg vom Hund weg, lassen dabei die Hand entspannt fallen und loben auch noch mit der Stimme. Wir bedrängen ihn also nicht, sondern schenken ihm seine Individualdistanz, die für ihn eine hohe positive, psychische Wertigkeit besitzt. Gehen wir schräg von unserem Hund weg, kann er uns voll in seinem Blickfeld behalten und es fällt die Bedrohlichkeit weg, die wir ungewollt auslösen, stehen wir frontal vor dem Hund.

Anschließend können wir unseren Hund noch mit einem Leckerchen belohnen, das wir erst jetzt bereitstellen. Wir gehen wieder zwei Schritte zum Hund und heben die Hand, dieses Mal mit einem Leckerchen, in unsere Brusthöhe, warten ein wenig und geben es ihm dann. Während er frisst, gehen wir wieder unsere 2 kleinen Schritte schräg zurück und zeigen ihm damit nochmals unsere Achtung. Hat er sein Leckerchen gefressen, gehen wir auf ihn zu und heben dabei wieder unsere Hand in Brusthöhe. Jetzt setzen wir unsere wohlwollende Stimme ein und fragen den Hund: »Was machen wir jetzt?«. Nach einer kurzen Pause geben wir die Antwort mit einem deutlichen Sichtzeichen und der Stimme: »Jetzt

Neugierig wird jede Bewegung des Menschen verfolgt.

bist Du frei!«. Damit signalisieren wir unserem Welpen das Ende unseres aktiven Kontakts.

Der wichtigste Grundsatz im Umgang mit dem Hund ist, die einmal erhaltene Aufmerksamkeit nicht vom Hund beenden zu lassen. Wir Menschen setzen das Ende des »Gesprächs« und nicht der Hund.

Wer das »Gespräch« beginnt, der Hund oder wir Menschen, spielt keine Rolle, von unendlicher Bedeutung für das Zusammenleben von Hund und Mensch ist es aber, wer das »Gespräch« beendet. Es geht hierbei um die Frage der Autorität. Unter Hunden beendet der Überlegene den positiven Kontakt. Sei es im Spiel, bei der Begrüßung oder bei der gegenseitigen Körperpflege.

Überlassen wir Menschen dem Hund das Ende des positiven Kontakts, verlieren wir bzw. erreichen wir erst gar keine Überlegenheit. Das wird uns, wenn der Hund herangewachsen ist, zu großen Problemen führen.

▶ Auf einen Blick!

Die Schulung der Aufmerksamkeit

Die Verständigung unter Hunden oder zwischen Hund und Mensch ist nur über gegenseitige Aufmerksamkeit möglich. Es gilt der Grundsatz: »Ohne Aufmerksamkeit keine Verständigung!« Sie ist die Grundvoraussetzung für jede Art des Umgangs mit dem Hund.

Der Welpe, der von sich aus alles beobachtet und somit sehr aufmerksam ist, wird für jedes Aufmerksam-Sein gelobt. Lob bedeutet:

- ▶ Das Schenken der Individualdistanz,
- ▶ verbales Lob,
- ▶ als Zugabe ein Leckerchen.

Loben wir, muss diese Reihenfolge eingehalten werden! (siehe S. 116 ff.)

Das gezielte Beobachten der menschlichen Körpersprache, vor allen Dingen die Sprache der Hände, wird gefördert und somit die Ausdauer der Aufmerksamkeit geschult.

Jedes »Gespräch«, das sowohl vom Hund als auch vom Menschen begonnen werden kann, muss vom Menschen beendet werden. Das bedeutet, die Aufmerksamkeit muss so lange erhalten bleiben, bis der Mensch deutlich ein Zeichen für das Ende des »Gesprächs« setzt.

Der Hund muss wissen, wann ein »Gespräch« beendet ist, damit er sich orientieren und sich der gewachsenen Überlegenheit seines Menschen sicher sein kann.

3

1 Hohe Aufmerksamkeit.
2 Entspannung ist gleich Lob.
3 Neue Anspannung für die nächste Handlung.

Welpentraining in der Praxis (4.–20. Woche)

► **Die Leinenführigkeit bis zur 12. Woche**

Wir erinnern uns, dass sich unser kleiner Welpe im Alter von etwa acht bis zwölf Wochen eng an uns bindet, weil er sich seiner Umwelt gegenüber noch sehr unsicher fühlt. Genau hier setzt unser gezieltes Training an.

Auf unseren noch sehr kurzen Spaziergängen sucht der kleine Welpe unsere Nähe und folgt uns freiwillig nach. Wir bleiben immer wieder stehen, halten seine Aufmerksamkeit (wie besprochen) und loben ihn zusätzlich mit Worten. Hin und wieder bekommt er auch ein Leckerchen als Zugabe.

Wenn wir geschickt sind, werden wir uns bei unseren Spaziergängen immer wieder aus der Reichweite des Hundes begeben, d.h. entweder gehen wir ohne etwas zu sagen in eine andere Richtung, oder wir suchen uns ein leichtes Versteck. Bemerkt der kleine Welpe unseren geänderten Weg oder unser Verschwinden, so wird er selbstständig versuchen uns zu folgen und sich bemühen, uns zu finden, um wieder Kontakt mit uns aufnehmen zu können.

Genau das ist auch unsere Absicht. Mit unserem Verhalten fördern wir die Entscheidung unseres Hundes, von sich aus zu uns kommen zu wollen. Jetzt wird der Hund gelobt und ihm unsere Freude über sein Kommen mitgeteilt. Diese Übungen sollten wir auf allen Spaziergängen, die ja sowieso sehr kurz sind, immer wieder durchführen.

Somit festigen wir beim Hund das Zugehörigkeitsgefühl, bevor er noch

1 Aufmerksam wartet die Deutsche Schäferhündin (12 Wochen) auf ein Sichtzeichen.

2 Sie befolgt das Sichtzeichen,

3 ... lässt sich jedoch ablenken.

4 Die Korrektur erfolgt über einen Richtungswechsel.

5 Der Welpe folgt willig nach und ...

6 ... bekommt noch einen Richtungswechsel.

7 Die Übung wird durch Stehen bleiben des Menschen beendet.

8 Der Hund hält ebenfalls an, setzt sich und erhält das »große Lob«.

die Erfahrung macht, dass seine Umwelt weitaus interessanter und abwechslungsreicher ist, als sein Freund Mensch.

Wichtig dabei ist es, dass das selbstständige Zurückkommen immer honoriert und nicht für selbstverständlich hingenommen wird.

Weiterhin sollte der Hund nach dem Lob nicht einfach von selbst weitergehen, sondern wir sollten ihn nach dem Lob wieder auf uns aufmerksam machen, um ihn dann über eine deutliche Geste freizugeben.

Hat der Hund so beim Spaziergang gelernt, uns nicht außer Acht zu lassen, beginnen wir, wenn sich der Hund ein Stück entfernt hat, stehen zu bleiben, den Namen des Hundes zu rufen und, wenn er sich nach uns umdreht, die Hand zu heben, ein Lob auszusprechen und in die Gegenrichtung zu laufen.

Auch jetzt wird der Hund sozusagen auf Ruf und doch freiwillig zu uns zurückkommen. Er möchte seinen Menschen nicht verlieren. Außerdem ist er neugierig zu erfahren, ob es etwas Neues für ihn gibt. Ist der kleine Welpe bei uns, wird er wie immer sehr gelobt, belohnt und nachdem er uns wieder die volle Aufmerksamkeit geschenkt hat, freigegeben. Oft will der Hund dann gar nicht mehr von uns weg. Auch das nehmen wir freudig an und gehen mit ihm, so als ginge er »bei Fuß«, ein kleines Stück. Wir bleiben nach ein paar Schritten wieder stehen, der Hund wird ebenfalls anhalten, wir warten bis er sitzt und loben ihn. Vielleicht schließen wir jetzt ein kleines »Zottelspiel« an. Das macht ihm Spaß und wird ihn freiwillig an uns binden, ohne dass wir ihn über die Leine an uns binden müssen.

Wir haben jetzt mit unserem geschickten Laufen das Bedürfnis des Welpen nach Geselligkeit und zugleich nach Geborgenheit ausgenützt und gefördert, denn noch sucht er seine Sicherheit bei uns.

Inzwischen ist es für den kleinen Hund zu einer selbstverständlichen Gewohnheit geworden, seinem Freund Mensch nachzufolgen. Wir Menschen müssen dabei jedoch eine Spielregel, die für den Hund tiefe Bedeutung hat, immer genau beachten.

Wenn sich der kleine Hund nach uns richtet und den Kontakt zu uns sucht, muss unser Verhalten dem Hund gegenüber angepasst und damit für ihn positiv sein. Es ist aber nur dann positiv, wenn wir nicht starr auf einem Fleck stehen bleiben, um auf das Herankommen des Hundes zu warten.

Wir Menschen müssen bedenken, dass wir mit unserer Größe und dem aufrechten Gang für unsere Hunde bedrohlich wirken. Die Bedrohlichkeit können wir noch über unsere starre Erwartungshaltung oder das Zugehen auf den Hund verstärken.

Wie sollten wir uns also verhalten, um unseren Welpen positiv in Empfang nehmen zu können? Wir gehen einfach langsam ein paar Schritte rückwärts und gehen, kurz bevor der Welpe bei uns ankommt, einen Schritt zur Seite. Dabei halten wir die Hand so, dass der kleine Hund mit seiner Schnauze Kontakt zu der Hand aufnehmen kann, führen sie wie bei der Schulung der Aufmerksamkeit an unsere Brust und warten, bis der kleine Hund sitzt. Als Lob schenken wir ihm wieder die Individualdistanz. Danach geben wir ihm mit einem entsprechenden Handzeichen das Ende des »Gesprächs« bekannt, und er darf wieder laufen.

Bleiben wir starr auf einem Fleck stehen, sobald der Welpe auf uns zukommt, und beugen wir uns gar noch zum Welpen hin, bevor er bei uns ist, wird er sich bedroht fühlen. Er weicht aus. Entweder geht er rechts oder links an uns vorbei, oder er kommt gar nicht erst heran und beginnt als Ersatzhandlung z.B. herumzuschnüffeln. Er ignoriert uns. Er wollte Kontakt zu uns haben, sonst wäre er gar nicht zu uns gekommen, aber er konnte nicht, weil er über unsere Körperhaltung davon abgehalten wurde.

Wir sollten immer folgende Spielregeln berücksichtigen:

▸ Wir gehen nie frontal auf den Hund zu,

▸ wir bleiben nie starr auf einem Fleck stehen.

So wird sich der Hund in jeder Situation voller Vertrauen uns zuwenden und sich geborgen fühlen.

Ein Beispiel: Die russische Huskyhündin, die ich vorher schon erwähnte, zeigte ausgeprägtes Scheuverhalten fremden Menschen gegenüber. Trotzdem schenkte sie mir in kurzer Zeit ihr Vertrauen. Sie folgte mir beim Spazierengehen zunächst nach, wurde aber bald im Wald sehr selbstständig. Auf mein Rufen hörte sie sehr gut und kam auch schnell zurück, nur ... wenn sie in meine Nähe kam, drehte sie entweder wieder ab oder rannte schnell an mir vorbei. So nützte mir der Gehorsam nichts. Ich überlegte und erkannte den Grund für dieses Verhalten der Hündin.

Ich stand erwartungsvoll wartend und rührte mich nicht. Ich stand also starr. Dies irritierte die Hündin so,

Die Körperhaltung des Menschen bestimmt die Zu- oder Abwendung des Hundes.

dass sie den Kontakt, den sie eigentlich wollte, nicht herstellen konnte. Da sie sowieso schon eine gewisse Scheu vor dem Menschen hatte, zeigte sie ihre Irritation besonders deutlich, so dass für mich als Mensch dieses Problem des Hundes erkennbar und interpretierbar wurde.

So kam ich auf die Idee, sobald die Hündin in meine Nähe kam, nicht frontal zu bleiben, sondern mich seitlich zu stellen, um nicht so bedrohlich zu wirken. Dabei hielt ich meine Hand mit der Handinnenfläche ihr zugewendet. Die Hündin steckte ihre Nase hinein und schloss auf diese Weise den Kontakt zu mir. Langsam hob ich die Hand zu meiner Brust und ging bei dieser Bewegung vom Hund schräg weg, so dass er mich gut sehen konnte, ich aber nicht mehr bedrohlich für ihn war. Ich schenkte ihm also die Individualdistanz. Die Hündin setzte sich unaufgefordert und hielt den Kontakt zu mir.

Es war wie ein Zaubermittel, denn die Hündin zeigte überschwengliche Freude beim Herankommen. Sie fühlte

▶ Auf einen Blick!

Die Leinenführigkeit bis zur 12. Woche

Der Welpe folgt dem Menschen bis etwa zur 12. Lebenswoche von sich aus nach.

Übungen bis zur 12. Woche

▶ Wir gehen immer wieder in verschiedene Richtungen und warten, bis der Welpe uns nachgelaufen ist. Großes Lob! (Siehe »Lob«, Seite 116 ff.)

▶ Wir verstecken uns leicht. Der Hund findet. Großes Lob!

▶ Der Hund läuft vor uns. Wir bleiben stehen und rufen den Namen des Hundes. Der Hund schaut sich um. Wir heben die Hand mit einer großen Bewegung und gehen in die Gegenrichtung. Der Hund läuft uns nach. Wir bleiben stehen, gehen einen Schritt zur Seite, zeigen die Handinnenfläche und führen die Hand zur Brust. Der Hund verfolgt mit den Augen unsere Bewegung und setzt sich. Großes Lob!

Ziel: Der Hund wird an das Nachlaufen und Kontaktaufnehmen gewöhnt, bevor Ablenkungen für ihn wichtiger als sein Mensch werden.

Fehler: Der Mensch darf nicht starr auf einem Fleck stehend das Herankommen des Hundes erwarten. Er darf nicht frontal auf den Hund zugehen. Er darf sich nicht frontal zu ihm beugen.

---

sich nicht mehr bedroht und war offensichtlich erleichtert.

Die Hündin hatte mich also gelehrt, wie ein Mensch sich verhalten sollte, damit der Hund freudig zu ihm herankommen kann. Diese Lehre nahm ich an. Seitdem verwende ich sie bei allen Hunden, die zu mir in den Unterricht kommen und bin sehr erfolgreich damit.

▶ Die Leinenführigkeit bis zur 20. Woche

1. Leitsatz: Unser Hund zieht seinen Freund Mensch nie zu seinem Ziel!

2. Leitsatz: Der Mensch zieht seinen Hund nie an der Leine zurück oder nach vorne!

Wenn der Hund etwa 12 oder 13 Wochen alt ist, wird er sich weiter von uns entfernen, weil er jetzt seine Spaziergebiete kennt und sich relativ sicher fühlt. Er nimmt seine Umwelt immer intensiver wahr, erlebt sie deutlicher und kann vieles besser interpretieren.

Jetzt müssen auch wir Menschen für den Hund einen anderen Stellenwert einnehmen. Bisher folgte uns der Hund aus Gründen der Sicherheit und der Geselligkeit nach. Inzwischen fühlt er sich in seinem gewohnten Gebiet sicher und braucht seinen Freund Mensch nicht mehr so aktuell.

Zu diesem Zeitpunkt beginnen wir, den Hund aktiv zu trainieren. Er hat wie immer sein Geschirr und die daran befestigte Leine an. Wir nehmen die Leine in die Hand, gehen jetzt gezielt in eine andere Richtung und teilen dies dem kleinen Hund auch mit.

Mit einem Sicht- und dem Hörzei-

1 Der Hund zieht, ...
2 ... wir bleiben stehen und gehen zum Hund hin.

3 Wir holen uns die Aufmerksamkeit und ...
4 ... gehen entspannt weiter.

chen: »Wir gehen hier!« wechseln wir die Richtung. Dies kennt er schon, denn wir haben es schon bis zur 12. Woche geübt. Richtet sich der Hund nach uns und gleicht seine Richtung unserer an, wird er sehr gelobt. Überholt er uns, gehen wir sogleich wieder mit einem Sicht- und Hörzeichen:

1 Der Hund zieht und wir bleiben stehen.
2 Der Welpe sucht selbst die Aufmerksamkeit des Menschen und wendet sich ihm dabei zu.
3 Der Mensch nimmt die Bewegung auf und ...
4 ... geht sofort in die Gegenrichtung.

1 Der Hund zieht und wir bleiben stehen, ...
2 ... gehen vorne um den Hund herum und ...
3 ... gehen in die Gegenrichtung. Der Welpe folgt unserer Bewegung.

»Wir kehren um!« in die Gegenrichtung. Der Hund folgt uns nach. Er wird sehr gelobt. Diese Übung wiederholen wir 4- bis 5 Mal.

Manchmal gehen wir seitlich vom Hund weg (»Wir gehen hier!«), manchmal gehen wir in die Gegenrichtung (»Wir kehren um!«). Wollen wir die Übung beenden, gehen wir ein bisschen rückwärts, der Hund kommt auf uns zu, und wir schließen den Kontakt, so wie wir es bei der Schulung der Aufmerksamkeit geübt haben.

Die gleiche Übung sollten wir auch durchführen, ohne die Leine in der Hand zu halten. Der kleine Hund soll lernen, auch wenn er gerade nicht die Sicherheit und die Geborgenheit bei uns sucht, trotzdem mit seinem Freund Mensch außerhalb seines Territoriums verbunden zu bleiben.

Diese Übung können wir überall durchführen, auf einer Wiese, die wir sozusagen im »Zickzack« überqueren, auf einem Sport- oder Parkplatz, im Wald an Wegkreuzungen und sogar auf nicht so stark befahrenen Straßen. Die Hunde haben Spaß an diesem Training und fordern sehr oft dabei ihren Menschen zum Spiel auf.

Manchmal hat der Hund keine Lust, sich nach uns zu richten, da er von einem Vogel, einem Menschen oder irgendetwas anderem abgelenkt wird. Er bleibt stehen und fixiert die Ablenkung. In diesen Fällen bleiben wir auch stehen und achten peinlich darauf, dass der Hund keinen Schritt nach vorne kommt. Wir gehen zum Hund, halten die Leine so, dass er nicht vorwärts kommt, bleiben neben ihm stehen und warten auch. Lässt die Aufmerksamkeit zur Ablenkung hin nach, geben wir in diesem Moment das Hörzeichen »Wir kehren um!« und gehen zügig von der Ablenkung weg in die Gegenrichtung.

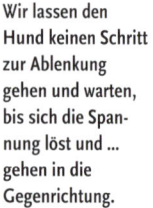

Wir lassen den Hund keinen Schritt zur Ablenkung gehen und warten, bis sich die Spannung löst und … gehen in die Gegenrichtung.

> **Auf einen Blick!**

Die Leinenführigkeit bis zur 20. Woche

Alle Übungen, die bis zur 12. Lebenswoche durchgeführt wurden, werden weiterhin wiederholt.

Übungen bis zur 20. Woche

Der Hund ist an der 3-m-Leine, die wir in der Hand halten. Zu den Richtungswechseln geben wir die Stimme »Wir gehen hier!«, »Wir kehren um!«. Wir beenden diese Übungen und gehen ein paar Schritte rückwärts. Der Hund wird zu uns herankommen. Sobald wir stehen bleiben, bleibt der Hund auch stehen. Er wird sich setzen und uns seine Aufmerksamkeit schenken. Großes Lob!
Problem: Der Hund ist abgelenkt und fixiert die Ablenkung. Von der Stärke der Ablenkung hängt es ab, wie wir reagieren, um wieder Kontakt zu unserem Hund zu bekommen.
a) Wir bleiben stehen, der Hund löst die Spannung von selbst, nimmt Kontakt zu uns auf und geht, wie er es bei den Übungen der Richtungswechsel gelernt hat, mit uns in die Gegenrichtung. Großes Lob!
b) Wir bleiben stehen, gehen zum Hund und halten die Leine immer so, dass er keinen Schritt zur Ablenkung hin machen kann. Wir warten neben, nicht hinter dem Hund, bis die Spannung des Hundes nachlässt, er freiwillig Kontakt zu uns aufnimmt und mit uns in die Gegenrichtung geht.
Manchmal erleichtern wir ihm das Mitgehen, wenn wir vorne um den Hund herumgehen und ihn mit dieser großen Bewegung in die Gegenrichtung mitnehmen. Geht er mit, folgt großes Lob!
c) Wir bleiben stehen, aber die Ablenkung ist so stark, dass der Hund in der Leine hängt. Wir gehen zum Hund und passen peinlich darauf auf, dass der Hund keinen Schritt nach vorne kommt. Wir stellen uns neben den Hund und halten ihn

sehr kurz. Jetzt sind wir im wahrsten Sinne des Wortes der »Hundehalter«. Wir geben weder positiven noch negativen Kommentar. Wir halten den Hund schweigend und warten, bis der Hund wieder zur »Besinnung« kommt und sich von selbst setzt. Nur verbales Lob!
Dann gehen wir in die Gegenrichtung, bis der Hund wieder entspannt ist und halten an. Großes Lob! Wir kehren wieder um und gehen in die Richtung der Ablenkung. Geht er jetzt problemlos mit, sind wir zufrieden, fängt er wieder zu ziehen an, kehren wir wieder um. Wir kehren so lange immer wieder um, bis der Hund wirklich entspannt ist. Großes Lob!
Wir sollten immer bedenken, der Hund soll mit uns ohne zu ziehen an das Ziel kommen. Wir wollen aber auch unser Ziel wirklich erreichen und nicht, wenn wir zum Bäcker wollen, beim Metzger landen!
Fehler: Der Hund zieht, wir bleiben stehen, der Hund lässt in der Spannung nach. Statt den Kontakt zum Hund zu schließen, gehen wir einfach wieder weiter. Der Hund lernt: »Wenn man zieht, bleibt man stehen und zieht dann wieder weiter. So kommt man zwar langsamer, aber immerhin auch zum Ziel«! Der Hund wird das Ziehen gut erlernen! Und zwar so, dass er selbständig anhält und selbständig weiter zieht, nach dem Motto: »Ziehen, stoppen, ziehen, stoppen!«
Der Hund hängt in der Leine. Wir tadeln ihn lautstark. Der Hund versteht: »Mein Mensch kläfft auch! Also weitermachen!« Der Hund wird immer noch kräftiger ziehen, weil sein Mensch ja mitmacht!
Der Hund hängt in der Leine, wir sprechen beruhigend auf ihn ein. Der Hund versteht: »Mein Mensch lobt mich, also weitermachen!« Auch hier wird der Hund zum kräftigeren Ziehen animiert; er fühlt sich gelobt für sein Handeln!

Über die schnelle Laufbewegung und die 3 m lange Leine wird der Hund zum Mitkommen animiert. Schließt er sich uns an, wird er mit Worten gelobt. Wir laufen noch eine Weile in die Gegenrichtung und schließen dann den Kontakt zum Hund wie immer. So bedauert der Hund nicht, dass er das Interessante gelassen hat, sondern freut sich, mit uns wieder verbunden zu sein.

Das Ziel dieser Übungen ist, den Kontakt zum Hund zu halten, auch wenn er abgelenkt ist. Dabei lernt er, sich in der Richtung nach seinem Freund Mensch zu orientieren und sich allmählich der Gangart des Menschen anzupassen. Dies ist die Voraussetzung für das spätere von ihm verlangte Anpassen an die Schrittlänge und das Wechseln der Richtung seines Freundes Mensch, also an das »Langsam, bei mir!«-Gehen. Weiterhin lernt er das zur Bewegung passende Hörzeichen: »Wir gehen hier!« und »Wir kehren um!«.

Das muss er beherrschen, damit sein Freund Mensch auch dann die Aufmerksamkeit des Hundes bekommt, wenn er ihn nicht sehen kann bzw. der Hund unter Ablenkung nicht bereit ist, die Aufmerksamkeit zu schenken.

▶ Das Alleinbleiben bis zur 12. Woche

Wir müssen uns immer wieder vor Augen halten, dass ein Hund ein geselliges Tier ist, das seine Sicherheit und Geborgenheit – vor allen Dingen, wenn es jung ist –, in seinem Familienverband sucht und bei seinen Artgenossen natürlich auch findet.

Wird der kleine Welpe aus seinem Hundeverband in den menschlichen Lebensbereich verpflanzt, so hat er, wie ich es schon beschrieben habe, zunächst eine schwere Zeit der Umstellung und der Einstellung auf seinen oder seine Menschen zu meistern. Das bedeutet, dass wir unseren Welpen in den ersten Lebenswochen nicht alleine lassen können. Wie ich es schon auf den Seiten 11 ff. und 15 beschrieben habe, können wir unseren Welpen auf das Alleinbleiben so vorbereiten, dass er über die Gewohnheit und sein Vertrauen zu uns seine empfundene Verlassenheit zu überbrücken lernt.

Wir gewöhnen unseren Welpen mit Hilfe seiner Schlafdecke oder eines großen Kleidungsstücks von uns daran, sich gerne darauf zu legen. Beides symbolisiert dem Hund Geborgenheit. Sitzen wir beispielsweise ruhig und lesen, sehen fern oder sind gemütlich beim Essen, nehmen wir unseren kleinen Welpen an das Geschirr und die Leine, legen neben unseren Stuhl bzw. Sessel seine Schlafdecke und zeigen sie dem kleinen Hund. Aufmerksam wird er uns beobachten und zu dieser Decke gehen. Dann klopfen wir mit der Hand auf die Decke. In den meisten Fällen fasst der kleine Hund diese Geste als Spielaufforderung auf, und er wird sich spielerisch darauf legen. Dieses von uns gewünschte Verhalten wird mit lieben Worten, Streicheln und vielleicht auch mit einem Leckerchen belohnt. Der Welpe soll unsere Freude über sein »Auf-die-Decke-Legen« spüren und animiert sein, dieses Verhalten für uns immer zu wiederholen.

Jetzt setzen wir uns in den Sessel und behalten die Leine so in der Hand, dass unser kleiner Hund die Decke nicht verlassen kann. Er wird zunächst etwas ungehalten sein, dass er nicht weglaufen kann. Er wird vielleicht ein bisschen winseln oder auf unseren Schoß klettern wollen. Wir ignorieren dieses Verhalten und achten weiterhin peinlich darauf, dass er nicht von der Decke herunterkommt. Stellen wir uns einfach vor, es wäre ein unsichtbarer Zaun um die Decke herum aufgestellt. Manchmal argumentiert ein Welpenbesitzer, dass diese Übung zu frustrierend für einen Welpen sei. Gegen diese Feststellung ist nichts einzuwenden. Bedenken wir jedoch, dass unser kleiner Hund im Garten auch mit einem Zaun daran gehindert wird, selbstständig auf die Straße zu laufen, oder dass die Haustür geschlossen ist und der Hund auch da nicht ungehindert hinauslaufen kann. Es sollte uns in diesem Fall nicht schwer fallen, den Hund so an der Leine zu halten, dass er nicht einfach weglaufen kann. Das können wird in den anderen Fällen auch nicht zulassen.

Nach kurzer Zeit, wenn wir alle Ak-tivitäten des kleinen Welpen auf der Decke ignorieren – weder gut zureden, noch ihn streicheln, noch korrigierend eingreifen –, wird er sich mit einem tiefen Seufzer hinlegen und einschla-fen. Auch jetzt dürfen wir ausnahms-weise nicht loben, da der Hund wieder aktiv würde und alles wieder von vorne anfinge.

Wir wiederholen diese Übung im-mer dann, wenn wir ruhig in einem Sessel oder auf einem Stuhl sitzen, und werden mit Zufriedenheit feststel-len, dass sich im Allgemeinen nach der dritten Übung der kleine Hund von selbst auf die Decke legt und sofort zu-frieden einschläft. Jetzt hat er erkannt, dass dieses »Auf-der-Decke-Liegen« seinem Wunsch nach Geborgenheit und Gesellschaft sehr entgegenkommt. Er darf bei uns sein und zwar überall da, wo seine Menschen sich aufhalten: sei es bei Freunden, im Hotel oder auch, wenn wir zum Essen in ein Lokal gehen.

Der Erfolg hat sich eingestellt: Die Berner Sennenhündin (3 $\frac{1}{2}$ Monate) lauscht entspannt dem Vater-Sohn-Gespräch.

Wird unser Hund nach dem Schlaf auf seiner Decke unruhig, nehmen wir die Leine auf, loben ihn, heben die Decke auf und machen mit ihm einen kleinen Spaziergang. Er wird sich lösen, dann folgt noch ein kleines Spiel und nach einer kurzen Weile gehen wir wieder zu unserem Sessel, legen die Decke wieder so, dass der kleine Hund es sieht, und warten, bis er sich darauf legt. Wir wollen nicht vergessen, nach dieser Übung immer die Decke aufzuheben. Ließen wir sie liegen, könnten wir die Zeremonie des »Deckehinlegens« nicht wiederholen. Wir wollen aber gerade mit unserer Handlung ein Signal setzen, das bedeutet, »Leg dich auf die Decke und warte, bis ich sie wieder wegnehme.«

Der Hund soll lernen, so lange liegen zu bleiben, bis sein Mensch diese Übung deutlich beendet. Nur so werden wir erreichen, dass unser Hund später zuverlässig an einem ihm zugewiesenen Ort verharrt und nicht selbst nach Gutdünken seinen Auftrag beendet. Und, was das Wichtigste dabei ist, er wird sich wohl fühlen, weil beim Er-

lernen dieser Übung sein Bedürfnis nach Geselligkeit (er durfte überall mit seinem Menschen zusammensein!) und Geborgenheit (er hatte seinen »Schlafplatz« immer dabei!) berücksichtigt worden war.

Wir müssen immer daran denken, unseren Hund nie zu zwingen, sich auf die Decke zu legen. Das wäre dann der Fall, wenn wir ihm die Vorderläufe wegzögen oder ihn von oben auf die Schultern drückten, damit er liegt.

Wir erinnern uns: Alles, was der Hund über Körpereinwirkungen lernt, wird er als unangenehm empfinden und nur aus Sorge, von seinem Menschen negativ angefasst zu werden, die Handlung ausführen. In Zukunft würde er der Decke eher ausweichen, als sich unbefangen darauf zu legen.

EIN BEISPIEL: WURF LABRADORE ▶
Vor vielen Jahren betreute ich einen Wurf von 7 Labradoren. Als sie etwa 16 Wochen alt waren, besprachen wir das Thema »Ablegen und Liegenbleiben«. Die Hunde sollten sitzen und bleiben. Das hatten sie bereits gut gelernt. Dann trug jeder Hundebesitzer die Decke des Hundes ein kleines Stück weg, legte sie hin und ging wieder zu seinem Hund. Jetzt forderte er ihn auf, auf die Decke zu gehen. Die Hunde wurden von ihren Menschen bis zur Decke begleitet. Es wurde auf die Decke geklopft und gewartet, bis der Hund sich darauf legte. Anschließend wurde sehr gelobt. Die Übung klappte bei jedem Hund, und ich gab sie als »Hausaufgabe« auf.

Beim nächsten Training sah ich mir das »Auf-die-Decke-Legen« an, und es traf mich beinahe der »Schlag«. Alle sieben Hunde zeigten Angstreaktio-

Sitzen oder Liegen: das Wichtigste dabei ist das Bleiben. Deutsche Schäferhündin (4 Monate)

nen, als die Decke vor sie gelegt wurde. Jeder Hund wich ängstlich aus. Es gab überhaupt keine Chance, die Hunde zu beruhigen. Schnell ließ ich die Decken entfernen und die Hunde miteinander spielen, damit sich kein negatives Erlebnis ins Gedächtnis »eingrub«.

Was war geschehen? Der Lehrer (das war ich!) hatte sich nicht deutlich genug ausgedrückt. Die Menschen hatten nicht verstanden, wie wichtig es ist, den Hund nicht auf die Decke zu zwingen. Sie hatten alle versucht, ihre Hunde aktiv auf die Decke zu legen und falls sie zu schnell wieder aufstanden, sie getadelt und wieder selbst hingelegt, statt zu warten und den Hund sich von selbst hinlegen zu lassen. Die

Hunde hatten also mit der Zeremonie des »Auf-die-Decke-Legens« Negatives verknüpft. Sie glaubten, sobald die Decke vor sie hingelegt wurde, dass sie angefasst und so zu dieser Handlung gezwungen würden.

Dieses Verhalten der 7 Labradore ist ein klassisches Beispiel dafür, wie schnell wir Menschen, ohne es zu wollen, bei unseren Hunden Angstreaktionen auslösen können. Es ist uns nicht bewusst, dass es für Hunde unverständlich ist, wenn wir sie über Körpereinwirkungen zu bestimmten Verhaltensweisen veranlassen wollen.

Stellen wir uns im Zirkus z.B. einen Löwen oder Tiger vor, der von seinem Tierlehrer zum »Sich-Legen« über eine

---

▶ Auf einen Blick!

Alleinbleiben bis zur 12. Woche
Der Hund muss das Alleinbleiben systematisch erlernen. Das Bedürfnis des Hundes nach Geborgenheit und Geselligkeit muss respektiert werden. In diesem Alter darf er nicht alleine gelassen werden.

Vorübungen
Als Hilfsmittel nehmen wir seine Schlafdecke. Er lernt, sich darauf zu legen und solange liegen zu bleiben, bis sein Mensch die Übung beendet. Die Decke darf nie liegen gelassen werden.
Immer wenn wir irgendwo für längere Zeit ruhig sitzen, z.B. beim Essen, Fernsehen, Lesen usw., nehmen wir in den ersten Tagen unseren Welpen an das Geschirr und die Leine, lassen ihn sitzen, legen seine Decke neben den Stuhl oder den

Sessel, animieren ihn, sich auf die Decke zu legen, setzen uns selbst und verhalten uns ruhig. Stehen wir auf, wird der Hund belohnt, die Decke weggenommen und ein kleiner Spaziergang angeschlossen.
Ziel: Der Hund soll zunächst seine Geborgenheit auf seiner Schlafdecke finden und lernen, sich ruhig zu verhalten. Er darf die Decke ohne Beendigung der Übung nicht verlassen. Er gewöhnt sich daran, positiv gestimmt sich auf die Decke zu legen und liegen zu bleiben, bis ihm das Ende der Übung signalisiert wird.
Fehler: Der Welpe wird in diesem Alter alleine gelassen. Der Hund wird zum Liegen auf der Decke körperlich gezwungen. Der Hund darf ohne Aufforderung die Decke verlassen.

aktive Körpereinwirkung veranlasst würde. Ich glaube, die Reaktion des Löwen würde ein Prankenhieb sein und der Tierlehrer wäre vielleicht für immer außer Gefecht gesetzt.

Nur weil unsere Hunde ihre Menschen, denen sie vertrauen, selten körperlich zurechtweisen, dürfen wir das Gesetz des Abstand-Haltens nicht missachten.

Unser kleiner Welpe hat bis zur 12. Lebenswoche gelernt, in unserer Gesellschaft an unserem Bett oder bei uns neben einem Stuhl oder Sessel auf seiner Schlafdecke oder einem Kleidungsstück von uns zu liegen und dort solange zu verweilen, bis wir mit ihm positiven Kontakt aufnehmen, ihn loben und die Decke wegnehmen. Er hat gelernt, dass mit dieser Zeremonie die Aufgabe beendet ist.

Wir können den kleinen Welpen bis zur 12. Lebenswoche also nicht alleine lassen. Wir können ihm aber über seine Schlafdecke soviel Geborgenheit und Vertrauen vermitteln, dass er, wenn er älter ist, das Fehlen der Geselligkeit beim Alleinbleiben über die Geborgenheit überbrücken kann.

► Das Alleinbleiben bis zur 20. Woche

Nach den Übungen bis zu einem Alter von 12 Lebenswochen fühlt sich der kleine Hund bereits so geborgen und sicher, dass wir nach der 12. Woche als Vorübung zum Alleinbleiben einmal für ganz kurze Zeit die Türe zu dem Raum schließen, in dem sich der Hund gerade zufällig aufhält. Wir öffnen die Türe wieder und begrüßen ihn herzlich. Der Hund soll dabei herausfinden, dass eine geschlossene Türe nicht »Verlassensein« bedeutet. Das wieder-

► Auf einen Blick!

Alleinbleiben bis zur 20. Woche
Der kleine Welpe fühlt sich auf seiner Decke wohl und bleibt gerne darauf liegen. Schritt um Schritt lernt er, dass Alleinbleiben nicht Verlassensein bedeutet.

Übungen
Soll der Welpe alleine bleiben, bereiten wir ihn sozusagen psychisch darauf vor. Wir stellen ihm seine Schlafkiste oder seinen Schlafkorb in einen bestimmten Raum auf einen bestimmten Platz und sagen ihm, dass wir jetzt weggehen. Wir schließen die Tür. Das Hinstellen der Schlafkiste als Ritual soll den Hund auf das Alleinbleiben einstimmen. Ganz sicher wird sich der Hund in seine Geborgenheit zurückziehen und sich in sein »Bett« legen. Zunächst bleibt der Welpe in einem Raum und die Türe wird geschlossen. Sein Mensch bleibt in der Wohnung. Die Türe wird geöffnet, große Begrüßung und Spaziergang. Der Welpe bleibt in einem Raum, sein Mensch verlässt die Wohnung, das Haus,

holen wir ein paar Mal am Tag, bis der Hund bei einer geschlossenen Tür nicht mehr unruhig wird.

Danach gehen wir Schritt um Schritt so vor, wie ich auf Seite 11 ff. beschrieben habe, d.h. wir steigern die Zeit, in der der Hund alleine gelassen wird.

► Das Sitzen- und Liegenbleiben bis zur 12. Woche
DAS TRAINING DES SITZENS UND BLEIBENS ► Wir sind wieder bei unserem kleinen Welpen, der lernen soll, sich bei uns wohl zu fühlen. Nach kurzer Zeit wird er uns im Haus neu-

geht aber nicht fort. Die Wohnungstür wird geöffnet, die Zimmertür wird geöffnet, große Begrüßung und Spaziergang.

Der Welpe bleibt in einem Raum, sein Mensch geht in sein Auto und lässt den Motor an, fährt aber nicht fort. Er geht zurück, öffnet die Zimmertür, große Begrüßung und Spaziergang.

Der Welpe bleibt in einem Raum, sein Mensch geht in sein Auto und fährt für kurze Zeit weg. Er kommt zurück, öffnet die Zimmertür, große Begrüßung und Spaziergang.

Ziel: Unser Ziel ist, über ein bestimmtes Zeremoniell den Hund darauf vorzubereiten, dass er verlassen wird, aber nicht verlassen ist. Er wird das Alleinbleiben nie in seinem Leben lieben, aber er wird über das Vertrauen zu uns und über die positive Erfahrung, jedes Mal danach z.B. spazieren gehen zu dürfen, die unhundliche Vereinsamung besser wegstecken. Er wird lernen, ein bis zwei Stunden ohne Angst alleine bleiben zu können.

Fehler: Die Übungsschritte sind zu schnell gesteigert worden.

gierig folgen und uns aus schon genannten Gründen nicht aus den Augen lassen. Und wieder haben wir eine wunderbare Möglichkeit, vom Welpen gezeigtes Verhalten in von uns gewünschte Bahnen zu lenken.

Wir gehen ein paar Schritte rückwärts, sprechen dabei mit dem kleinen Welpen und heben unsere Hand in Brusthöhe. Neugierig verfolgt der kleine Hund unsere Bewegung. Bleiben wir jetzt stehen und verhalten uns ganz ruhig, wird er auch stehen bleiben, warten, was passiert und sich setzen. Jetzt gehen wir genauso vor, wie ich es

schon beim Training für die Aufmerksamkeit beschrieben habe (Seite 65). Bekommt er als zusätzliches Lob für sein freiwilliges Setzen auch noch ein Leckerchen, so sollten wir darauf achten, dass der kleine Welpe nicht aufsteht, weil er seine »Fressbelohnung« schneller haben möchte. In diesem Falle gehen wir wieder schräg zurück und warten einfach, bis er sitzt. Setzt er sich nicht, wiederholen wir die ganze Übung. Der kleine Welpe bekommt sein Leckerchen nur im Sitzen und nicht, wenn er danach springt.

Über das Zurückgehen, Stehenbleiben und das Heben der Hand ist es uns gelungen, den kleinen Welpen dazu zu animieren, neugierig zu verharren und sich dabei erwartungsvoll zu setzen. Er wird ganz schnell verstehen, dass uns Menschen dieses Verhalten gefällt und wird es freiwillig jederzeit wiederholen. Geben wir ihm die Individualdistanz, lernt er, immer in positiver Erwartung zu verharren. Dieses Warten verlängern wir. Entweder gehen wir noch einen Schritt weiter weg oder verlängern die Zeit, bis wir ihn freigeben.

Unser Ziel ist erreicht, auch für das »Bleiben« den Hund positiv gestimmt zu haben. Er wartet gerne auf das »Gesprächsende«, denn er verbindet mit dem Ende etwas Positives, weil immer etwas für den Hund Angenehmes folgt.

Beispiele: Meine Golden-Retriever-Hündin wurde von meinem Nachbarsrüden, einem Irish-Setter, überrascht und blitzschnell gedeckt, so dass mein »Entsetzensschrei« ungehört verhallte. Nach einem Informationsgespräch mit meinem Tierarzt beschloss ich, das Er-

Ob Ziehmutter oder richtige Mutter: Die Welpen (5 Wochen) nehmen, was sich bietet.

gebnis abzuwarten. Dass der Deckakt aber so erfolgreich war, wagte ich mir in meinen kühnsten Träumen nicht vorzustellen: Meine Hündin bekam sage und schreibe 11 Welpen. Davon war jeder rund und proper. Gottlob hatte ich eine belgische Schäferhündin, die etwa im gleichen Hormonzyklus mit meiner Retrieverhündin war. Nach 30 Stunden vorsichtiger Bemühungen konnte ich das Brutverhalten der Belgierin auslösen und ihr zunächst im Wechsel die Jungen anlegen. Nach 9 Tagen bekam sie dann 4 zufällig ausgewählte Welpen, die sie immer betreuen durfte. Es war für mich eine spannende Frage, wie sich die Welpen verhalten werden, sobald sie die Wurfkiste verlassen können.

Werden die Welpen ihrer Ziehmutter treu bleiben, oder nehmen sie als Nahrungsquelle, was sich gerade anbietet?

In einer wissenschaftlichen Arbeit von Böhm und Hoy wurde an 102 Würfen der Rasse Beagle beobachtet, dass es eine Saugordnung gebe. Das hieße, dass jeder Welpe am Gesäuge der Hündin seinen festgelegten Platz habe. Dieses Ergebnis kann ich bei den von mir beobachteten Würfen nicht bestätigen. Die Welpen nahmen, was kam. Stand z.B. in meinem Mischlingswurf die Belgierin zum Trinken zur Verfügung, hingen alle 11 Welpen an dieser, war die Retrieverhündin da, hingen sie an jener. Es gab zu keinem Zeitpunkt eine feste, geregelte Trinkordnung.

Nachdem die Welpen etwa 6 Wochen alt waren, gelang es mir mit einem Ruf, alle 11 Welpen aufmerksam zu machen und zu mir kommen zu

Das Ergebnis eines
Überraschungs-
deckaktes!
(Retriever-Setter-
Welpen, 8 Wochen)

Sie haben das „Bleiben" verstanden. Deutsche Schäferhunde (8 Wochen)

lassen. Ich bewegte meine Hände und fing die Aufmerksamkeit der kleinen Hunde ein. Sie setzten sich in neugieriger Erwartung. Dafür wurden sie belohnt. Beim nächsten Lernschritt lernten alle 11 Welpen auf Ruf zu kommen, sich sofort zu setzen und zu warten, so dass ich ein paar Schritte weggehen konnte. Sie saßen so lange, bis ich sie rief, dann kamen sie alle angeschossen, setzten sich wieder und wurden belohnt. Diesen Handlungsablauf beherrschten alle 11 Welpen im Alter von 8 Wochen perfekt.

Ich wiederholte diese Übung mit meinen 4 Dingowelpen und mit meinen 4 Schäferhundwelpen. Mühelos lernten alle diesen Ablauf. Erstaunlicherweise beherrschten die Welpen

diesen Handlungsablauf auch dann, wenn ich sie einzeln ansprach und sie sich nicht im Welpenverband befanden. Es hatte jeder Welpe für sich dieses Training verstanden. Es hatte jeder Welpe gelernt, sich auf meinen Wunsch hin zu setzen, zu verharren und mir so lange seine Aufmerksamkeit zu schenken, bis ich die Kommunikation beendete.

Jeder Welpe lernte das »Sich-Setzen« über die Einhaltung der Individualdistanz und nicht über eine Körpereinwirkung!

Hält der kleine Hund die Aufmerksamkeit nicht so, wie wir es uns wünschen, müssen wir die Übung wiederholen. Wir gehen wie immer (es ist für uns inzwischen ein Ritual geworden, an das sich der kleine Welpe so gewöhnt hat, dass auch er es ritualisiert hat) ein paar Schritte rückwärts, der Welpe kommt uns nach, wir bleiben stehen und heben die Hand in Brusthöhe, der Welpe verharrt und setzt sich, wir gehen 2 Schritte schräg zurück und lassen die Hand entspannt fallen, loben verbal, gehen, wieder die Hand in Brusthöhe hebend, auf den Welpen zu, warten kurz und entlassen ihn mit einem deutlichen Sichtzeichen aus dem »Gespräch«.

Er soll lernen, dass er sich in diesen Situationen immer setzen, uns seine volle Aufmerksamkeit schenken und auf das »Gesprächsende« warten soll.

Meistens sind wir Menschen dafür verantwortlich zu machen, wenn unser Hund das »Gesprächsende« nicht abwartet, da es leider allzu »menschlich« ist, bei den Übungen selbst nicht immer voll konzentriert zu sein.

Keinesfalls dürfen wir unseren kleinen Welpen mit einem Drücken auf das Hinterteil zwingen, sich zu setzen. Wir erinnern uns, dass jede zwingende Körpereinwirkung vom Hund negativ empfunden wird, und er unser Verhalten mit einem Ausweichen oder Abwehren quittieren würde.

Auch diese Übungen für das Sitzen und Bleiben können wir überall ausführen. Beim Spazierengehen z.B. kehren wir, wenn der Welpe vor uns läuft, einfach um. Der kleine Hund wird es bemerken und ebenfalls umkehren. Kurz bevor er bei uns ist, wenden wir uns wieder dem Hund zu, gehen mit kleinen Schritten rückwärts und bleiben dann stehen. Schon haben wir die eben beschriebene Situation.

Oder beim Spaziergang hinkt uns der kleine Hund etwas nach. Wir warten, bis er wieder den Anschluss zu uns sucht. Er kommt, wir gehen ein wenig rückwärts und bleiben stehen. Da ein Welpe in diesem Alter so unendlich schnell lernt, wird er das Sitzen und Warten ebenso unglaublich schnell begriffen haben und freudig immer wieder ausführen. Wir verwenden dazu keine Hörzeichen, sondern nur die Körpersprache. Die Stimme ist in diesem Alter vorwiegend zum Loben und nicht zum Befehlen da.

In einem Alter von 12 Wochen wird unser kleiner Welpe wie selbstverständlich immer bei uns sitzen, wenn wir stehen bleiben und immer gespannt warten, wie es weitergeht. Es ist mir schon manches Mal passiert, dass ich vergessen habe, meinem Welpen das »Gesprächsende« zu signalisieren. Erst als ich weiterging und mich nach meinem Welpen umsah, entdeckte ich, dass er noch immer saß. Er wartete auf das Gesprächsende!

DAS TRAINING DES LIEGENS UND BLEIBENS ▶

Sobald der kleine Welpe gelernt hat, sitzend ruhig zu verharren und somit seine Aufmerksamkeit uns zu schenken, ist es nur ein kleiner Schritt zum Liegen und Bleiben.

Wie ich vorher beschrieben habe, lassen wir den kleinen Hund zu uns kommen und lösen die »Sitzsituation« aus. Dieses Mal haben wir die Schlafdecke in der Hand. Wir entfernen uns wenige Schritte vom Hund, legen die Decke auf den Boden, gehen wieder zum Hund und laufen mit ihm zur Decke. Der Hund wird interessiert auf die Decke gehen und sie beschnuppern. Wir stellen uns seitlich zum Hund und klopfen mit der Hand auf

1 Der kleine Retrie-
ver (12 Wochen)
bleibt bereits auf
freiem Feld.

2 Er darf sein
»Nest« suchen.

die Decke. Der kleine Welpe fasst diese
Geste als Spielaufforderung auf und
wird sich spielerisch darauf legen. Es
folgt ein Lob, dann ein Leckerchen.
Nach zwei oder drei Übungseinheiten
hat der kleine Hund begriffen, was er
soll und wird es freudig und freiwillig
in dieser Situation wiederholen.

Jetzt nehmen wir die Decke in den
Garten und üben das »Auf-die-Decke-
legen« im Freien. Bald hat er es so gut
begriffen, dass wir die Decke, ohne sie
dem kleinen Hund zu zeigen, in den
Garten legen. Anschließend gehen wir
»rein zufällig« mit dem Hund in den
Garten. Der Hund entdeckt die Decke,
bewedelt sie, als würde er sie grüßen
und legt sich unaufgefordert darauf.
Wir loben unseren Hund und zeigen
ihm unsere echte Freude über sein Verhalten. Unser kleiner Welpe spürt diese Freude und wird sich fortan, wenn

3 Er findet es, legt sich hinein und ...

4 ... verharrt in positiver Erwartung (»großes Lob!«)

er die Decke draußen findet, erwartungsvoll und freudig darauf legen.

Beispiel: Dingos im Wald, die ihre Decke finden.

Das »Auf-die-Decke-Legen« klappte auch bei meinen Dingos. Oft testete ich diesen Handlungsablauf und verlor irgendwo im Wald eine den Dingos bekannte Decke. Fanden sie diese, legten sie sich unaufgefordert darauf. Manchmal fand sie nur einer. Sobald die anderen es wahrnahmen, liefen sie zu dem schon liegenden Dingo und legten sich dazu!

Wenn meine Dingos diesen Handlungsablauf nicht gelernt hätten, hätte ich keine Möglichkeit gehabt, die Dingos zum Heranbringen von Beute zu bewegen. Junge Hunde tragen ihre Fressbeute weg. Sie würden sie nie zum anderen »hintragen«. Das wäre biologisch auch nicht sinnvoll, denn dann würde ja der andere satt, und derjenige, der sie gefunden hat, ginge unter Umständen leer aus.

Also benützen wir einen Umweg für das Beutebringen. Wir nützen ein Welpenverhalten aus, das oft nur bis zur 12. Lebenswoche gezeigt wird. Dieses Verhalten ist das Eintragen der Beute ins »Nest«. Wie das von uns Menschen gefördert wird, haben wir schon im vorhergehenden Kapitel erfahren (Seite 48). Dieser Umweg klappte auch bei meinen Dingos, so dass im Alter von 16 Wochen ein Dingo bereit war, mir seine gefundene Fressbeute freiwillig zu bringen.

Das Liegenbleiben auf der Decke wird genauso trainiert wie das Sitzenbleiben. Der Hund liegt, wir gehen 2 kleine Schritte weg vom Hund, bleiben stehen, warten und loben, dann gehen wir wieder zum Hund und nehmen dabei die Hand in Brusthöhe. Schenkt uns der Welpe seine Aufmerksamkeit, fragen wir ihn: »Was machen wir jetzt?« (hohe Anspannung!). Dann nehmen wir vorsichtig die Decke weg und spielen mit dem Hund (Entspannung!). Das Spiel wird beendet. Dabei bleiben wir stehen und verhalten uns ruhig, bis der Hund auch ruhig wird. Dann setzen wir wie immer das »Gesprächsende«.

Allmählich vergrößern wir die Distanz zum Hund und erreichen so das Bleiben auf der Decke.

Auch diese Übungen werden nur mit der Körpersprache durchgeführt. Die Stimme wird ausschließlich für das Lob verwendet.

Wichtig ist, dass der kleine Welpe das Klopfen auf die Decke als entsprechendes Handzeichen für »Leg Dich!« verinnerlicht.

▶ Das Sitzen- und Liegenbleiben bis zur 20. Woche

Über die Schulung der Aufmerksamkeit lernte der kleine Welpe, ohne es eigentlich zu bemerken, das Sitzen und Bleiben. Das hat er so gut gelernt, dass er bereits daran gewöhnt ist, die Aufmerksamkeit zu halten. Damit hat er auch verstanden, wann ein »Gespräch« beginnt und wann es beendet ist, vorausgesetzt, sein Mensch war immer konsequent und hat darauf geachtet, das »Gesprächsende« zu setzen.

Der Schritt zum längeren Sitzen- bzw. Liegenbleiben ist nur noch ein kleiner, denn es muss lediglich die Dauer der Aufmerksamkeit verlängert werden. Daher weiß der kleine Welpe jetzt auch, was »Bleiben« bedeutet. Es

> **Auf einen Blick!**

Sitzen- und Liegenbleiben bis zur 12. Woche

Das Schenken der Aufmerksamkeit und das Halten der Aufmerksamkeit ist die Grundregel für die Kommunikation und damit für jedes »Gespräch«. Leitsatz: Ohne Aufmerksamkeit kein Gespräch!
Das Neugier- und Erkundungsverhalten lässt den Welpen von sich aus aufmerksam sein, da er seinen Menschen neugierig beobachtet. Er wird sich im Allgemeinen dabei setzen. Dieses Verhalten wird von uns Menschen registriert und immer honoriert.

Übungen

Der kleine Welpe setzt sich aus eigenem Antrieb und hält die Aufmerksamkeit. Großes Lob!
In den Übungen wird über das Halten der Aufmerksamkeit das Sitzenbleiben trainiert. In positiver Erwartungshaltung lernt der Welpe auf das Ende des »Gesprächs« zu warten. Das Ende des »Gesprächs« wird allmählich in die Länge gezogen. Wir gehen ein paar Schritte vom Hund weg und gehen wieder zu ihm und setzen wie immer das Ende des »Gesprächs«.
Das Liegen auf der Decke wird in der gleichen Weise trainiert. Der Welpe ist aufmerksam und wartet auf das Ende des »Gesprächs«.

Fehler: Jede körperliche Einwirkung, die den Welpen zur Handlung des Sitzens oder Liegens veranlassen soll, wird der Hund als unangenehm empfinden, und er wird nicht mehr positiv für diese Handlungsabläufe gestimmt sein.

heißt, zu warten bis das »Gespräch« beendet ist.

Bis jetzt hat er für die von uns gewünschten Verhaltensweisen noch keine Hörzeichen bekommen. Wir trainierten ausschließlich über die Körpersprache, also mit Sichtzeichen und der Individualdistanz.

Das Erlernen des ausdauernden Bleibens beim Sitzen bzw. Liegen ist jetzt keine Schwierigkeit mehr. Wir entfernen uns allmählich immer ein Stückchen weiter vom Hund, bleiben stehen, kontrollieren dabei, ob wir seine Aufmerksamkeit noch haben und gehen dann deutlich, wie ich es schon beschrieben habe, wieder zum Hund hin.

Diese Übungen zum längeren Bleiben an einem Ort können wir besonders schmackhaft machen, wenn wir noch ein »Beutespiel« einfügen, das Welpen im allgemeinen sehr schätzen. Wir fordern unseren Welpen mit einem Sichtzeichen zum Sitzen auf. Dann nehmen wir ein Spielzeug in die Hand, gehen vom Hund weg und legen das Spielzeug auf den Boden. Gespannt wird uns der Welpe beobachten. Wir gehen wieder in der üblichen Art zum Hund hin und animieren ihn, das Spielzeug zu suchen. Jetzt hat es sich für den Hund gelohnt zu warten. Er hat nach ein oder zwei so gestalteten Warteübungen erfasst, dass er dann eine »lustgetönte« Aufgabe erfüllen darf. In dem Moment, in dem er das Spielzeug gefunden hat und in den Fang nimmt, loben wir ihn und laufen von ihm weg. Der Hund wird versuchen, uns nachzulaufen. So sind wir in das Handlungsgeschehen wieder mit einbezogen. Ist er in unserer Nähe, versuchen wir, parallel mit ihm zu laufen, damit wir seine Beute seitlich greifen können. Gelingt uns dies, »zotteln« wir mit ihm ein bisschen, warten bis er ruhig wird und uns sein Spielzeug überlässt. Er wird gelobt und wir können die Übung wiederholen, oder das »Gespräch« beenden.

Steht der Hund ohne Aufforderung auf, liegt der Fehler bei uns. Entweder sind wir zu weit von ihm weggegangen oder unsere Bewegungen waren zu schnell oder etwas anderes, für den Hund Missverständliches ist passiert. Es wird der Hund also nicht getadelt, das würde er nicht verstehen und falsch interpretieren. In diesen Fällen wiederholen wir die ganze Übung noch einmal von vorne und machen sie vielleicht ein wenig leichter. Unser Hund kann bei diesen »unhundlichen« Aufgaben nur die Handlungen ausführen, die er bei uns gelernt hat. Bleibt ein Hund z.B. nicht so lange liegen, wie wir es von ihm fordern, hat er noch nicht begriffen, dass die Dauer des Liegenbleibens von uns bestimmt wird. Wir müssen mit ihm immer so üben, dass er den Handlungsablauf versteht. Wir werden z.B. bei der Wiederholung weniger weit weggehen oder nicht so lange warten, bis wir die Übung beenden. Da es uns auf das Sitzen- bzw. Liegenbleiben ankommt, wollen wir besser dieses Verhalten loben, als das Aufstehen zu tadeln.

Allmählich fangen wir an, zu unserer Körpersprache (den Sichtzeichen) auch unsere Hörzeichen – ganz nebenbei – hinzuzufügen:

▶ »Sitzen, mein Hund!«,
▶ »Legen, mein Hund!«,
▶ »Bleiben, mein Hund!«.

Erstaunlich schnell und genauso freudig, wie er bis jetzt alles angenommen hat, wird unser Hund seine »Vokabeln« lernen. Wir sollten sehr darauf achten, dass unsere Stimme beim Aussprechen der Hörzeichen nicht scharf oder hart klingt. Damit würden wir ihm die Freude nehmen, die Handlungen auszuführen. Er würde unsicher werden und versuchen, vor uns auszuweichen. Damit die Stimme nicht unbedacht laut wird, wählen wir unsere Hörzeichen mehrsilbig. »Legen, mein Hund!« klingt weicher als »Platz!«. »Platz!« als Befehl ausgesprochen, hört sich im Klang genauso hart an wie »Pfui!!«. Beim Hörzeichen »Pfui!« möchten wir, dass der Hund etwas lässt. Beim herkömmlichen Hörzeichen »Platz!« möchten wir, dass der Hund etwas für uns gerne tut. Um hier also Missverständnisse gar nicht erst entstehen zu lassen, wählen wir mehrsilbige Hörzeichen, und es gibt keinen Irrtum für den Hund.

Inzwischen ist unser Welpe psychisch so gefestigt, dass er seine Geborgenheit nicht mehr nur auf seiner Schlafdecke sucht, sondern sich bereits in unserer Anwesenheit geborgen fühlt. Daher können wir beginnen, den Hund zum Legen aufzufordern, ohne das Hilfsmittel seiner Decke zu benützen.

Dazu lassen wir unseren kleinen Hund erst sitzen, geben ihm als »Dankeschön«, wie schon beschrieben, seine Individualdistanz, gehen wieder auf ihn zu und heben dabei die Hand in Brusthöhe, um seine Aufmerksamkeit zu erhalten. Dann fragen wir ihn »Was machen wir jetzt?« Wir lösen die Spannung und gehen wieder 2 kleine Schritte schräg vom Hund weg, um dann mit dem ihm schon bekannten Handzeichen auf den Boden zu klopfen.

Oft legt sich der Hund sofort, manchmal versucht er, die Hand zu fangen. Wir warten ein wenig und klopfen nochmals. Meistens versteht er dann diese Aufforderung. Beginnt er allerdings richtig mit uns zu spielen, brechen wir das Spiel ab und versuchen die Übung von vorne. Klappt es gar nicht, üben wir noch ein paar Mal mit seiner Decke, bis er auf das Handzei-

chen auch ohne Decke in unserem Sinne reagiert. Wir dürfen ihn, wenn er sich ohne Decke noch nicht legen will, auf keinen Fall körperlich zwingen. Wir erinnern uns: Körperliche Einwirkungen empfindet er negativ und wird deshalb versuchen, diese Handlungen zu meiden. Schon ist wieder ein Missverständnis entstanden.

▶ Auf einen Blick!

Sitzen- und Liegenbleiben bis zur 20. Woche

Das Halten der Aufmerksamkeit ist für den Hund zur Selbstverständlichkeit geworden.
Zu unserer Körpersprache werden die Hörzeichen hinzugefügt.
Die Hörzeichen sind zwei- oder mehrsilbig.
Die Sicht- und Hörzeichen werden ohne Ablenkung geübt und auch mit Ablenkung. Der Hund ist z.B. unaufmerksam, weil er schnüffelt. Er wird gezielt ins Gespräch genommen und bekommt das Hörzeichen »Sitzen, mein Hund!«

Übung

Die Übungen für »Legen« werden jetzt ohne das Hilfsmittel der Decke geübt. Zu dem Sichtzeichen für »Legen!« wird das Hörzeichen »Legen, mein Hund!« hinzugefügt.
Zu dem Sichtzeichen für »Bleiben!« wird das Hörzeichen »Bleiben, mein Hund!« hinzugefügt.

Ziel: Der Hund soll auch ohne Sichtkontakt zu seinem Menschen, also auf Entfernung, sich setzen oder legen können. Der Hund soll unter Ablenkung bereit sein, auf gegebene Hörzeichen zu reagieren und

somit Kontakt zu seinem Menschen herstellen können.

Fehler: Der Mensch fasst den Hund an, damit er sich hinsetzt bzw. sich hinlegt. Der Mensch steht zu nah am Hund, so dass er ausweichen muss, um sich zu setzen oder zu legen. Der Mensch spricht die Hörzeichen zu hart aus, so dass der Hund verunsichert wird.
Der Mensch ist in seiner Körpersprache nicht deutlich genug, so dass der Hund nicht genau weiß, was von ihm verlangt wird.
Der Mensch hat nicht bedacht:
▶ Ohne Aufmerksamkeit ist keine Kommunikation mit dem Hund möglich.
▶ Der Hund muss wissen, wann ein »Gespräch« (die Kommunikation) beginnt und wann es zu Ende ist.
▶ Der Hund darf nie ein begonnenes »Gespräch« von sich aus beenden.
▶ Der Hund wird nicht mit einem Leckerchen verführt, damit er eine Handlung ausführt, sondern er bekommt ein Leckerchen nur als Zugabe. Die *Belohnung* für eine gewünschte Handlung ist das Schenken der Individualdistanz.

▶ **Das Zurückkommen
bis zur 12. Woche**

Beim Erlernen dieser Handlung haben wir bei unserem kleinen Hund noch keine Probleme, da er sich von uns noch kaum entfernt. Aber schon jetzt achten wir peinlich genau darauf, dass wir unseren Hund nie rufen, wenn wir nicht sicher sind, dass er auch kommt. Meistens kommt er nicht, wenn er mit anderen Hunden spielt oder irgendetwas Fressbares gefunden hat. Wir rufen also nur, wenn es eindeutig ist, dass der kleine Welpe Kontakt zu uns aufnehmen kann. Dann allerdings dürfen wir nicht, wie ich es schon bei den Übungen zur Leinenführigkeit beschrieben habe, auf einem Fleck stehen bleiben, um den Hund zu erwarten, sondern wir müssen langsam rückwärtsgehen. Ist der Hund fast bei uns, bleiben wir stehen, heben die Hand in Brusthöhe und warten, bis er sitzt. Er wird wie üblich gelobt, und wir gehen in die von der Ablenkung entgegengesetzte Richtung.

Unsere Grundregel: »Wir rufen unseren kleinen Hund nur, wenn wir ganz sicher sind, dass er auch Kontakt zu uns aufnehmen kann«, ist von unendlicher Bedeutung.

Wie oft erleben wir, dass Hunde gerufen werden, aber nicht kommen. Sie werden immer öfter, lauter und unwilliger gerufen. Jetzt kommt er vielleicht zu seinem Menschen, dann hat der Mensch Glück gehabt. Kommt er nicht, dann hat der Mensch eben Pech gehabt!

Wir wollen jedoch ganz sicher nicht, dass das Zurückkommen des Hundes ein Glücks- bzw. ein Zufallstreffer ist. Er muss immer kommen. Über unser ständiges Rufen erhält der kleine Welpe die Information, dass er getrost noch wegbleiben kann, da er die Sicherheit hat, dass wir noch da sind. Über das pausenlose und immer lauter werdende Rufen signalisieren wir unserem Hund auch noch eindeutig: »Du kannst noch weiter weglaufen, du hörst mich ja noch!« Diesen Effekt wollten wir sicher nicht gelehrt haben.

Wir wollen bedenken: In dem Augenblick, in dem wir den Namen des Hundes rufen, haben wir Kontakt zum Hund aufgenommen. Wir können es jetzt nicht mehr dem Welpen überlassen zu entscheiden, ob auch er den Kontakt zu uns schließen will. Mit dem Rufen des Hundes haben wir bereits das »Gespräch« eröffnet, und das hat zur Folge, dass wir es auch wieder beenden müssen.

Wir erinnern uns:

▶ Das Ende des »Gesprächs« setzen immer wir Menschen.

▶ Unser Hund kann die Handlungen nur so ausführen, wie wir sie ihn gelehrt haben.

Welche Konsequenzen ziehen wir daraus? Wir müssen sehr überlegt an das Training des Zurückkommens herangehen. Unser Welpe hat zunächst gelernt, aus Neugier zu uns zu kommen und sich dabei wie aus Versehen zu setzen. Wir haben gelernt, den kleinen Hund über das Schenken der Individualdistanz zu belohnen. Wenn wir und der Hund das gut verinnerlicht haben, versuchen wir allmählich, nicht nur 2 Schritte schräg zurückzugehen, sondern vielleicht 4 Schritte. Dazu geben wir das Sichtzeichen für »Bleiben!«. Dann bleiben wir für einen kurzen Moment stehen und warten, um dann wieder vorsichtig auf den Hund zuzugehen.

Bald können wir weiter zurückgehen, während der kleine Hund erwartungsvoll sitzt und bleibt. Wir bleiben wieder stehen und fordern ihn über das einladende Sichtzeichen für »Komm' her zu mir!« auf, zu uns zu kommen. Der Hund wird aufstehen und freudig auf uns zulaufen. Wir bleiben jetzt natürlich nicht stehen, sondern gehen kleine Schritte rückwärts und bleiben erst dann stehen, sobald der Hund kurz vor uns ist. Jetzt verhalten wir uns so, wie ich es beim Training der Aufmerksamkeit schon beschrieben habe: Zunächst wird das Herankommen des kleinen Hundes immer noch zusätzlich entweder mit einem Leckerchen oder einem kleinen Spiel belohnt. Das Herankommen des Hundes müssen wir so abwechslungsreich wie möglich honorieren, damit unser kleiner Hund nicht nur freudig, sondern auch noch neugierig herankommt.

Eine andere Variante, den Hund zu uns kommen zu lassen, ergibt sich häufig bei unseren kleinen Spaziergängen. Wir rufen unseren Hund und warten, bis er Blickkontakt zu uns aufnimmt. Dann laufen wir deutlich in die Gegenrichtung. Eilig wird er versuchen uns nachzukommen. So wie üblich bleiben wir stehen und schließen den Kontakt zum Hund.

Es ist außerordentlich wichtig, dass wir immer, sobald der Hund herankommt, den Kontakt zu ihm herstellen. Tun wir das nicht, wird er es sehr schnell nicht mehr für nötig befinden, bei uns anzuhalten, und er wird an uns

Beim Zurückkommen ist der freudige Begrüßungssprung schon einmal erlaubt! (Deutsch Langhaarhündin, 4 Jahre)

Je abwechslungs-
reicher das
»Gespräch« nach
dem Zurückkommen
ist, desto lieber und
schneller wird der
Hund kommen.

Zurückkommen bis zur 12. Woche

Da unser kleiner Welpe die Geselligkeit bei uns sucht, wird er gerne und häufig Kontakt zu uns aufnehmen und zu uns kommen. Der Hund wird nur gerufen, wenn sein Mensch sicher ist, dass er auch kommt.

Übungen

Der Welpe schenkt uns seine Aufmerksamkeit. Wir reagieren darauf und gehen ein paar Schritte rückwärts. Wir animieren ihn mit einladender Handbewegung, zu uns zu kommen. Großes Lob!

Der Hund sitzt. Wir gehen gezielt ein paar Schritte rückwärts, bleiben stehen und fordern ihn mit den entsprechenden Sichtzeichen auf, zu uns zu kommen. Großes Lob!

Der Hund läuft vor uns. Wir rufen seinen Namen. Er reagiert und schaut sich zu uns um. Wir loben ihn mit Worten und laufen mit einer einladenden Bewegung in die Gegenrichtung. Der Hund läuft uns nach und macht bei uns Halt. Großes Lob!

Ziel: Unser kleiner Welpe soll immer freudig und erwartungsvoll zu uns kommen, sich dabei von selbst setzen und auf das »Gesprächsende« warten.

Fehler: Wir rufen den Hund und achten nicht darauf, ob er auch wirklich kommt. Wir schließen, nachdem der Hund herangekommen ist, nicht den Kontakt zu ihm.

Wir bleiben starr auf einem Fleck stehen. Wir beugen uns frontal zum Hund hin, um ihn in Empfang zu nehmen. (Der Hund fühlt sich bedroht.)

Wir beenden das »Gespräch« nicht. Der Hund steht von sich aus auf und entfernt sich.

Wir rufen den Hund immer wieder und werden dabei mit der Stimme lauter.

---

vorbei weiterlaufen. Damit lernt der Hund etwas Falsches. Er reagiert zwar auf unseren Ruf, beendet aber selbst das »Gespräch«. Das hat wiederum zur Folge, dass er beginnt, für sich zu entscheiden, ob er überhaupt auf den Ruf kommen oder lieber etwas Wichtigerem nachgehen soll.

Wir müssen also ganz besonders pedantisch beim Heranrufen unseres Welpen aufpassen, keine Fehler zu machen, ihn z.B. nicht zu rufen, wenn er gerade mit anderen Hunden spielt oder wenn er anderweitig sehr abgelenkt ist. Wir werden auf einen guten »Rufaugenblick« warten. Haben wir keine Zeit zu warten, gehen wir zu unserem Welpen liebevoll hin und nehmen ihn an die Leine. Nur so wird er richtig verbinden, dass das Gerufenwerden heißt, immer zu kommen und bei seinem Menschen anzuhalten.

▸ ### Das Zurückkommen bis zur 20. Woche

Unser Welpe hat bis jetzt seinen Namen kennen gelernt und verstanden, dass das Rufen seines Namens die Aufforderung zur Kontaktaufnahme mit seinem Menschen bedeutet. Weiterhin hat er begriffen, auf Ruf seines Namens zu seinem Menschen zu laufen, anzuhalten, sobald sein Mensch stehen bleibt, und sich zu setzen, wenn er das

Sichtzeichen dafür bekommt. Das hat er so gut erfasst, dass unser kleiner Welpe diese Handlung bereits ohne Aufforderung über die Gewohnheit ausführt.

Jetzt muss er nur noch begreifen, dass er auch kommen muss, wenn er sich mit etwas für ihn Interessantem beschäftigt, wenn er also abgelenkt ist.

Grundsätzlich werden alle Rufübungen, die wir bisher mit dem kleinen Welpen durchgeführt haben, immer wiederholt.

Es gilt weiterhin, dass wir unseren Hund nur rufen, wenn wir sicher sind, dass er uns auch seine Aufmerksamkeit schenken kann. Wir wollen den Lerneffekt verhindern, der ihn dazu verführt, nicht zu kommen. Riefen wir öfter, wüsste er, dass es nicht wichtig ist zu kommen, denn wir signalisieren ihm: »Wir sind da und warten auf dich!«

Die Übungen für das Herankommen:
▶ Der Hund sitzt und bleibt. Wir entfernen uns rückwärts, bleiben stehen, warten und für den Hund unerwartet kommt der Ruf:« Zu mir!« Der Hund kommt zu uns. Großes Lob! Wir erinnern uns: Kommt der Hund heran, bleiben wir nie starr stehen!
▶ Der Hund sitzt und bleibt, wir gehen außer Sichtweite des Hundes, warten ein wenig und rufen dann. Der Hund kommt. Großes Lob!
▶ Der Hund sitzt und bleibt, wir entfernen uns, warten, stellen uns seitlich und geben das Sichtzeichen für »Weiter!«. Der Hund kommt heran, wir laufen ein wenig seitlich mit und heben die Hand. Der Hund stoppt, die Hand geht zur Brust und der Hund wird sich setzen. Großes Lob!

▶ Der Hund läuft vor uns. Wir rufen den Namen. Der Hund schaut sich um. In diesem Augenblick heben wir mit einer großen Bewegung die Hand hoch, kehren den Rücken zum Hund und gehen in die Gegenrichtung. Der Hund läuft uns nach. Kurz bevor er da ist, gehen wir seitlich und heben die Hand. Der Hund stoppt, die Hand geht zur Brust, der Hund wird sich setzen und uns seine Aufmerksamkeit schenken. Großes Lob!
▶ Manchmal fällt es dem Hund leichter, Kontakt zu uns herzustellen, wenn wir ihn zuerst zum Anhalten bringen und dann rufen. Wir können mit dem Hund das Warten, Sitzen oder Liegen auf Entfernung üben und ihn dann sozusagen als Belohnung zu uns rufen.

Alle Übungen, die wir für das Herankommen des Hundes durchführen, müssen sehr genau durchdacht sein und sehr exakt ausgeführt werden. Der Hund muss lernen, wenn er gerufen wird, muss er immer kommen.

Um das Herankommen nicht langweilig werden zu lassen, müssen wir uns unterschiedliche »Nachspiele« ausdenken.

Grundsätzlich sitzt der Hund, wenn er gekommen ist, und wir beenden zunächst die Übung wie immer. Anschließend jedoch lassen wir etwas für den Hund sehr Motivierendes folgen. Vielleicht darf er etwas suchen, oder er darf apportieren, oder er darf ein Kunststück ausführen, das er gerne macht.

Je abwechslungsreicher wir das »Nachspiel« gestalten, desto schneller und freudiger wird er Kontakt zu uns aufnehmen.

Das Herankommen des Hundes soll bis zur 20. Lebenswoche so selbst-

führt, mit einem »Seufzer der Erleichterung«, denn wir haben unsere »Lehrpflicht« erfüllt, ohne Leine freizugeben. Auch unser Hund ist danach erleichtert und spurtet befreit davon. Da er sich freut wieder »Hund« sein zu dürfen, läuft er vielleicht weiter weg als sonst. Rufen wir dann, hat er nicht so viel Motivation, schon wieder zu gehorchen. Das allerdings sollte nicht passieren, denn der Hund sollte immer freudig und schnell zu uns zurückkommen.

Wie können wir üben und vermeiden, dass der Hund, der bei den Übungen ja sehr konzentriert sein muss, nicht das Gefühl hat, »befreit« wegzulaufen zu müssen?

Nach meiner Erfahrung hat es sich bewährt, zunächst das Training der »unhundlichen« Übungen mit schleifender Leine, ohne sie in der Hand zu halten, zu machen. Ist der Hund so weit, dass er konzentriert bei der Sache ist, nehmen wir die Leine ganz ab,

1 Das Vertrauen zum Menschen kennt keine Grenzen.

2, 3 Oft ist ein kleines Kunststück eine große Freude für den Hund (Belgische Schäferhündin, 4 Jahre)

verständlich geworden sein, dass wir später unseren Hund auch aus einer Ablenkung heraus abrufen können. Das ist ja das Ziel unseres Trainings.

Und noch eines, wir wollen einen Fehler von vorne herein vermeiden: Wir sind geneigt unseren Hund, haben wir kleine Übungen mit ihm durchge-

üben nur kurze Zeit, legen die Leine wieder an und beenden das »Gespräch« mit »Jetzt bist du frei!«. Diese Situation kennt der Hund und wird nicht wegschießen, weil er seit seiner Welpenzeit immer mit schleifender Leine gelaufen ist. Allmählich wird die Zeit des Übens ohne Leine immer länger, und jedes Mal darf er erst laufen, wenn die Leine wieder festgemacht ist.

Ein so gearbeiteter Hund lernt: »Ohne Leine bin ich mit meinem Menschen verbunden, mit schleifender Leine kann ich »Hund sein«. Die Zeit ohne Leine können wir immer länger ausdehnen, auch ohne unseren Hund dauernd zu beschäftigen.

Dieser Weg führt dazu, dass sich der Hund ohne Leine mit seinem Menschen verbunden fühlt. Jetzt wird er sich, auch wenn er weiter weg ist, problemlos abrufen lassen. Das bedeutet, dass wir unseren Hund viel mehr Freiheit geben können, weil er gelernt hat, mit seiner Freiheit umzugehen.

▶ Auf einen Blick!

Zurückkommen bis zur 20. Woche
Die Voraussetzung für die weiteren Übungen ist, dass der Welpe seinen Namen kennt und auf unseren Ruf immer sofort und freudig herankommt.

Übungen
Die Übungen, die bisher durchgeführt wurden, werden bei jeder günstigen Gelegenheit wiederholt. Die Rufentfernungen werden allmählich immer größer. Wir gehen häufig außer Sichtweite und üben das Herankommen nur über die Stimme. Wir rufen unseren Hund von einer »ruhenden« Ablenkung, die nicht wegläuft, ab. D.h. wir rufen ihn gezielt, wenn er an einer Stelle schnüffelt oder nach Mäusen gräbt.

Ziel: Der Hund lässt sich unter leichten Ablenkungsbedingungen abrufen und kommt sofort zu uns. Der Hund lernt, ohne Sichtkontakt nur auf unsere Stimme zu reagieren und kommt sofort zu uns.

Fehler: Wir rufen unseren Hund, obwohl es für uns schon absehbar ist, dass er nicht kommen wird.

Wir lassen unseren Hund zu wenig vorbereitet ganz ohne Leine frei laufen. Daraus resultiert ein schwerer Folgefehler: Der Hund ist »leider« frei, obwohl er für das Abrufen unter schwerer Ablenkung noch nicht trainiert ist. Jetzt sieht er etwas sich Bewegendes, z.B. einen Jogger oder einen Hasen. Neugierig verfolgt er diese Ablenkung.

Entsetzt oder auch ängstlich wird der Hund gerufen, in der Hoffnung, dass er gehorcht. Der Hund hört uns zwar, läuft aber der Ablenkung trotzdem nach. Wenn uns dieses »falsche« Rufen öfter passiert, lernt der Hund: »Bei dieser Stimme muss doch irgendwo die Ablenkung sein!« Er spitzt die Ohren, sieht sich prüfend um, entdeckt die Ablenkung und läuft davon.

Es dauert nicht lange, bis der Hund den Tonfall in unserer Stimme erkennt, der signalisiert: »Aufgepasst, Ablenkung!«, und ohne z.B. den Hasen entdeckt zu haben, spurtet er los.

Jetzt haben wir Menschen ein Hörzeichen entwickelt, das bedeutet: »Lauf weg!«. Genau das hatten wir aber nicht vorgehabt.

Unerwünschtes Verhalten des Hundes

Die Schwierigkeit des Korrigierens

Wir halten uns nochmals vor Augen, dass das Zusammenleben von Mensch und Hund oft sehr einseitig gesehen wird. Dabei fühlen wir Menschen uns als »Boss« und sind aus diesem Grund der Meinung, der Hund hat das zu tun, was wir als Boss von ihm verlangen. Wir befehlen, der Hund handelt! Ein trauriges Leben für den Hund!

Manche Menschen bezeichnen sich als »Alpha-Hund« und meinen damit, sie seien »hundegemäßer«. Sie übersetzen Boss mit Alpha und sind überzeugt davon, dass sie »kynologischer«

wirken. Sie glauben, ein Alpha-Hund habe immer das Sagen und die Omega-Hunde haben immer das zu tun, was der Alpha-Hund fordert. Diese Vorstellung ist schlicht und einfach falsch.

Ein Alpha-Hund, also ein Hund, der in seiner Hundegemeinschaft von seinen Mitgliedern als Überlegener anerkannt und entsprechend geachtet wird, hat es nicht nötig, seine Überlegenheit dauernd zu demonstrieren. Im Gegenteil, auch ein Überlegener kann problemlos einem Unterlegenen, der Situation angepasst, Unterwerfung signalisieren. Er verspielt damit durchaus nicht seine Position in der Gemeinschaft.

Ein weiterer Irrtum liegt vor, wenn

1

1, 2 Auch ein über-
legener Hund darf
Unterlegenheit
zeigen, ohne seine
Autorität zu ver-
lieren (Belgische
Schäferhündin,
3 Jahre; Dingo,
3 Monate)

der Mensch glaubt, seinen Hund »strafen« zu müssen. Dazu spielt er sich,
als »Hundefachmann« fühlend, zum
falsch verstandenen Alpha-Hund auf
und hält sich für berechtigt, den zu
»strafenden« echten Hund am Genick
zu packen und ihn ordentlich durchzu-
schütteln. Oder – das ist jetzt gerade
modern – den Hund auf den Rücken
zu werfen, um ihn »in die Demut« zu
bekommen.

Es ist schon schlimm genug, wenn
ein Mensch das mit seinem eigenen
Hund praktiziert, aber meistens werden diese Maßnahmen auch noch als
»Tipps« an den unbedarften Hundebesitzer weitergegeben. Manchmal –
und das ist noch abartiger – wird vor-

geschlagen, den Hund prophylaktisch
auf den Rücken zu werfen, damit er
von Anfang an weiß, wer hier der
»Boss« oder der »Alpha« ist.

Im Gegensatz dazu gibt es Menschen, die nicht als der Strafende vom
Hund identifiziert werden möchten.
Daher verwenden sie zum Strafen Ge-
genstände, z.B. die Zeitung, mit dem
Hintergedanken, der Hund verknüpfe
die negative Einwirkung nicht mit der
Hand des Menschen. Für wie dumm
halten wir Menschen unsere Hunde!

Die Steigerung der Bestrafung unserer Hunde – immer in der Hoffnung, der Hund wisse nicht, woher das
»Strafende« komme, sind dann zum
einen die ferngesteuerten Schmerz-

verursacher, die der Hund entweder selbst auslöst, wie die Anti-Bell-Halsbänder, die, bellt der Hund, chemische Substanzen aussprühen und die überaus empfindlichen Riechzellen des Hundes schmerzhaft verletzen. Oder zum anderen die Schmerzverursacher, die der Mensch auslöst. Dafür bekommt der Hund an das Halsband einen Stromempfänger. Der Mensch als Freund des Hundes hat einen Sender in der Hand. Zeigt der Hund eine unerwünschte Handlung, erhält er einen schmerzhaften Stromimpuls an seinem Hals. Die Stromstärke wird nach freiem Ermessen vom Menschen festgelegt. Der Hund reagiert erschrocken mit Angst- bzw. Fluchtverhalten auf diesen Elektroschock. Sein Freund Mensch hofft nun, dass der Hund verstanden hat und die unerwünschte Handlung in Zukunft unterlässt.

Nach meiner Erfahrung zeigen so »gestrafte« Hunde schwere psychische Störungen. Da der Mensch, der Freund(!) des Hundes, häufig aber die feine psychisch-soziale Struktur seines Hundes oder der von ihm behandelten Hunde gar nicht oder nicht gut genug kennt, wird auch noch behauptet, das mache dem Hund gar nichts aus.

Ich frage mich, warum arbeitet man dann mit Geräten, die über Schmerzen zum Lernerfolg führen sollen, wenn der Stromschlag dem Hund doch angeblich gar keine Schmerzen zufügt?

»Leider« sind unsere Hunde hoch entwickelte, psychisch fein strukturierte, domestizierte Haushunde voll Vertrauen zu ihrem Menschen und keine Tiger oder Löwen, die ein derartiges gedankenloses, ignorantes Verhalten des Menschen mit einem einzigen Prankenhieb für immer erledigen würden!

Die Korrektur unerwünschten Verhaltens

»Wie strafe ich meinen Hund?«, ist eine schwerwiegende und eine mir immer wieder gestellte Frage.

Wir Menschen sind in einer äußerst verzwickten Situation. Hunde untereinander kennen keine Bestrafung. Bei Hunden geht es einzig und allein darum, sich gegenseitig zu respektieren und zu achten, um auf diese Weise die Ordnung in der Gemeinschaft zu erhalten. Hunde untereinander haben das Problem des »An-der-Leine-Ziehens« oder des »Mülleimer-Leerens« nicht.

Wir Menschen jedoch müssen sehr wohl unserem Hund mitteilen, wenn sein Verhalten nicht in die menschliche Gemeinschaft passt.

Bevor wir uns Gedanken machen, wie wir unerwünschtes Verhalten beim Hund abstellen können, wollen wir uns noch einmal vor Augen halten, wie Hunde miteinander umgehen. Vielleicht eröffnen sich Wege, ohne »Strafe« – die der Hund ohnehin nicht versteht – unserem Hund klarzumachen, welches Verhalten für uns Menschen unerwünscht ist.

Bis zu einem Alter von etwa 16 Wochen gibt es unter den Welpen noch keine Rangordnung. Wie sollte das auch möglich sein? So ein kleiner Hund muss erst einmal lernen, mit Gleichaltrigen umzugehen. Daher wird, spielen Welpen miteinander, nicht die Rangordnung ausgetestet, sondern die Fertigkeiten im Umgang miteinander geübt, seien es Spiele um die Beute, seien es kämpferische Spiele oder »Fangspiele«.

Manchmal geht es auch darum, dass ein Welpe schlafen will und keine Lust zum Spielen hat. Das wird er dem anderen deutlich mitteilen, und trotzdem geht es nicht um die Rangordnung.

Leben oder spielen Welpen und erwachsene Hunde zusammen, geht es auch hier nicht um die Rangordnung, denn der erwachsene Hund ist naturgegeben für den Welpen der Überlegene. Der erwachsene Hund teilt dem Welpen lediglich mit, wie viel Distanz er eingehalten haben möchte, wann ein Spiel, wann die Begrüßung und wann die körperliche Zuwendung beendet sein soll, oder, wenn er frisst, wie weit sich der Welpe nähern darf. Es geht ihm letztendlich um die Einhaltung der von ihm geforderten Individualdistanz. Wird diese Distanz respektiert, ist das ein Zeichen der Achtung dem anderen gegenüber, und das Zusammenleben ist in der Gemeinschaft spannungsfrei möglich.

Dazu verwendet der Hund meistens die Körpersprache, fügt aber auch manchmal noch die Stimme hinzu, vor allen Dingen dann, wenn der Welpe das »Abstandhalten« erlernen soll. Ein Welpe bis zu einem Alter von etwa 5 oder 6 Wochen kann wahrscheinlich die differenzierte Körpersprache noch nicht interpretieren, weil sein Gesichtsfeld zu klein ist, und er vielleicht auch noch nicht so gut Bewegungen unterscheiden kann.

Der erwachsene Hund knurrt. Manchmal zieht er auch seine Lefzen hoch und zeigt die Zähne. Reagiert der kleine Welpe auf dieses drohende Verhalten nicht, wird der erwachsene Hund mit einer schnellen Bewegung und einem kurzen »Beller« nach dem kleinen Hund schnappen. Hierbei achtet der Hund sehr darauf, den Welpen nicht zu berühren, um ihn nicht zu verletzen. Diese Drohung versteht jeder Welpe und wird sich fügen.

Wie fügt er sich? Er wird in die Flucht gehen, dabei vielleicht auch jaulen. Dann wird er anhalten, ein wenig warten und im gemessenen Abstand wieder zum erwachsenen Hund gehen. Jetzt hat der überlegene Hund erreicht, was er wollte: Der kleine Welpe hält einen angemessenen Abstand zu ihm. Damit entwickelt er sein Gefühl für die so wichtige Individualdistanz und den Respekt und die Achtung vor dem Erwachsenen.

Manchmal ist so ein kleiner Welpe »frech«. Er zeigt Unterwerfung auf eine Zurechtweisung und meint sie offensichtlich nicht so »ernst«, denn er bedrängt den erwachsenen Hund gleich wieder. In diesen Fällen springt der Erwachsene über den Welpen, hält ihn mit geöffnetem Fang am Hals und verlangt von ihm, dass er sich absolut ruhig verhält (siehe Seite 36 und 40). Tut er das, gibt er ihn wieder frei und achtet darauf, dass der Welpe sich langsam entfernt und ihm auf diese Weise den Respekt zeigt.

Analysieren wir das Verhalten des erwachsenen Hundes den Welpen gegenüber, mit dem er sich die Achtung und den Respekt verschafft, so erkennen wir:

▶ Er verwendet die Stimme, indem er knurrt (Hörzeichen), vor allem bei Welpen.

▶ Er zeigt die Zähne als Drohung (Sichtzeichen).

▶ Er schnappt nach dem Welpen, ohne ihn berühren zu wollen.

▶ Er verwendet eine schnelle Bewegung.

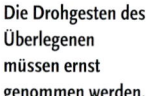

Die Drohgesten des Überlegenen müssen ernst genommen werden.

▶ Er hält den Welpen körperlich fest, aber nur dann, wenn der Welpe auf die Drohungen nicht reagiert oder Unterwerfung zeigt, die nicht »ernst« gemeint ist.

Der Welpe lernt:
▶ Die Individualdistanz einzuhalten und dabei den anderen zu respektieren.
▶ In der Unterwerfung zu verharren, bis ihn der erwachsene Hund freigibt und sich entfernt.

Diese Erfahrungen macht ein Welpe im Stadium der Eroberung der Umwelt. Ist er herangewachsen und im Stadium des Umgangs mit der Umwelt, sind die Regeln klar. Kleinere Respektlosigkeiten, die hin und wieder gezeigt werden, weil der Halbwüchsige seine Grenzen austesten möchte, werden nur noch mit Drohgesten reguliert. Ein körperliches Festhalten erübrigt sich.

Und trotzdem erleben wir unter erwachsenen Hunden körperliche Auseinandersetzungen. Diese entstehen bei gut sozialisierten Hunden nur dann, wenn sie sich im Rang gleichwertig fühlen. Die Hunde kämpfen bis sich die Überlegenheit des einen und die Unterlegenheit des anderen herausgestellt hat. Nach so einem Kampf überprüft der Überlegene noch eine Weile, ob seine Autorität wirklich anerkannt wird.

Körperliche Auseinandersetzungen werden also in einer Hundegemeinschaft nur bei sich im Rang gleichwertig fühlenden Hunden stattfinden.

Wenn wir Menschen meinen, unsere Hunde körperlich »strafen« zu müssen, verlieren wir unsere gewachsene Überlegenheit und verhalten uns wie ein im Rang gleicher Partner. Ein

Hund jedoch, der von seinem überlegenen Partner angegriffen wird, ist zunächst völlig irritiert, weil der Überlegene über die Körpersprache und nicht über die Körperkraft für Ordnung in der Gemeinschaft sorgt. Der Angegriffene wird zunächst sehr erschrocken sein. (Jetzt glaubt der Mensch als »Angreifer«, seine »Strafmaßnahme« habe gewirkt!).

Wiederholen sich die Angriffe, wird der Hund den Menschen wie einen Gleichrangigen bekämpfen. Je größer der Hund ist, desto schwieriger wird es sein, den Kampf zu gewinnen. Siegen wir in so einem »Rangordnungskampf«, sollten wir jedoch sehr genau darauf achten, dass diese über die körperliche Auseinandersetzung erreichte Überlegenheit auch beibehalten

werden kann. Spürt der Hund ein kleines Maß von Schwäche bei seinem Menschen, wird er die Gelegenheit sogleich wieder wahrnehmen und die Überlegenheit körperlich, also mit einem Kampf, zu erreichen suchen. Wenn wir schon eine »gewachsene« Autorität bei den Hunden haben, sollten wir sie nicht leichtfertig über körperliche Auseinandersetzungen wieder aufs Spiel setzen und uns wie ein schlecht sozialisierter Hund verhalten.

Ein Beispiel: Mein Belgischer Schäferhund-Rüde war im Umgang mit Welpen, Junghunden und erwachsenen Hunden beispielhaft. Er beherrschte die Körpersprache perfekt und wurde von allen Hunden voller Achtung respektiert. Die Körpersprache genügte, um

Papierkorbleeren macht doch wirklich Spaß!

Gibt es ein schöneres Spiel für einen Welpen ? (Border Collie Hündin, 3 Monate)

Kämpfe zu vermeiden. Leider geschah es dreimal in seinem Leben, dass er von nicht sozialisierten Hunden einfach überfallen wurde. Der Belgier war bei diesen Überfällen so erschrocken und irritiert, dass er sich zunächst nicht wehren konnte. Er war handlungsunfähig. Es bedurfte jedes Mal eines beachtlichen Zeitraumes, bis der Hund in der Lage war, sich zu wehren.

So wie wir Menschen im Umgang mit dem Hund lernen müssen, unsere Körpersprache zur Verständigung einzusetzen, so können wir vielleicht auch lernen, wie wir unserem Hund mitteilen, wenn sein Verhalten unerwünscht ist.

Wir können unseren Welpen nicht »strafen«, weil er gar nicht wissen kann, welches Verhalten in seinem menschlichen Umfeld erwünscht bzw. unerwünscht ist. Wir haben uns mit

diesem Problem schon im früheren Kapitel befasst (Seite 13), und trotzdem möchte ich an dieser Stelle nochmals darauf eingehen.

Was ist für uns unerwünschtes Verhalten des Welpen? Er leert z.B. den Papierkorb oder den Mülleimer, oder er knabbert an den Teppichfransen, oder er kaut an den Möbeln, oder er frisst jeden Dreck. Das sind nur einige kleine Beispiele. Unerwünscht ist sein Verhalten auch, wenn der Welpe ständig in die Hosenbeine oder in die Hände seines Menschen beißt.

Wir erkennen, dass für uns Menschen viele Handlungen des Welpen unerwünscht sind, die für den Welpen selbst lustgetönte Spiele oder schmackhafte »Leckereien« sind (denken wir z.B. an das Fressen von Katzenkot oder anderen »Kleinigkeiten«).

Im Zusammenleben von Mensch

Hier liegen die »Delikatessen« auf der Straße! (Dingos, 15 Wochen)

und Hund geht es also nicht nur um geregeltes Sozialverhalten in der Gemeinschaft wie bei den Hunden. Es geht um Verhaltensweisen, die für den Hund angenehm sind, der Mensch aber als unangenehm empfindet. Das bedeutet, wir Menschen müssen häufig den Welpen von lustgetönten Handlungen abhalten. Dabei entsteht die Frage, wie wir das tun.

Bevor wir einem Welpen mitteilen, dass uns sein Verhalten nicht gefällt, muss der kleine Hund sich zuerst einmal bei uns eingewöhnt haben. Er muss sich bei uns wohl fühlen und Vertrauen zu uns haben. Bis dahin sollten wir über manches »Unglück« hinwegsehen und eine Wiederholung des Geschehens lieber vermeiden, als gleich einzugreifen.

Frisst der Welpe z.B. am Teppich, schließen wir lieber die Tür zu diesem Zimmer oder rollen den Teppich ein, damit er keine Gelegenheit findet, unseren Teppich zu beschädigen.

Viele »Unarten« erledigen sich von selbst, sobald der Welpe herangewachsen ist.

In der Regel fühlt sich der kleine Welpe etwa im Alter von 10 bis 12 Wochen in seiner neuen Umgebung wohl und entfaltet sich so recht zu einem lebensfrohen, einfallsreichen Hund.

Wird unser Welpe zu übermütig, müssen wir ihn dann doch in seine Schranken weisen. Wie wir ihm seine Grenzen zeigen, muss wohl überlegt sein. Unser Welpe muss verstehen können, was wir regulieren wollen.

Meine Frage im Umgang mit meinen Welpen war: Welche Verhaltensweisen kann ich als Mensch von den Hunden übernehmen, um mich so zu verhalten, dass mich der Hund versteht?

Nur wer beim »Greifen« des Hundes absolut ruhig hält, wird seine Autorität überzeugend ausdrücken.

Wir nehmen als Beispiel den Fall des Beißens in die Hosenbeine. Unser kleiner Welpe hängt übermütig beißend am Hosenbein und übt daran »Beutezerren«. Zunächst bleiben wir ruhig stehen und sagen mit einer deutlichen Stimme (das wäre Knurren!) »Lass das!«. Vielleicht ist der Welpe erstaunt über unseren veränderten Ton und hört mit dem Zerren auf. Lässt er es nicht sein, greifen wir mit der einen Hand in das Fell an der Kehle und mit der anderen hinter den Kopf und halten den kleinen Welpen ganz ruhig, aber bestimmt fest. Versucht er sich zu wehren, halten wir weiterhin ruhig und wiederholen mit unserer »Knurrstimme« »Lass das!«. Erschrocken wird der kleine Hund das Hosenbein loslassen. Wir gehen sofort 2 Schritte vom Hund weg (wir geben die Individualdistanz) und loben ihn mit freundlicher Stimme. Dabei gehen wir rückwärts und fordern ihn auf, zu uns zu kommen. Folgt er uns nach, können wir das »Gespräch« wie immer beenden.

Versucht er jedoch, wieder das Hosenbein zu attackieren, sollten wir ihn mit einer schnellen Bewegung nochmals greifen und »Lass das!« knurren. Dieses Mal sollten wir noch mehr aufpassen, dass wir den kleinen Hund nicht zu schnell los lassen (wir haben beim ersten Mal nicht ruhig genug oder nicht lange genug gehalten!). Auch wenn er jault, dürfen wir nicht loslassen. Erst, wenn sich unser Hund ganz ruhig verhält und ohne Anspannung ist, geben wir ihn frei und lassen ihn zu uns kommen. Kommt er zu uns, setzt sich und schenkt uns seine Aufmerksamkeit, ist alles wieder im Lot und wir tun, als sei nichts gewesen.

So wie die erwachsenen Hunde dem jungen Hund, wenn sie mit dem Fang den Hals des Welpen umfassen, keinen Schmerz zufügen, wollen auch wir beim Greifen des Halses ebenfalls keinen Schmerz auslösen. Das Festgehaltenwerden, verbunden mit dem absoluten Ruhig-Halten, ist das, was der Hund versteht und was ihn beeindruckt. Geben wir unsere Knurrstimme dazu, so wird der kleine Welpe ganz schnell lernen, was unser Knurren bedeutet. Er wird also in Zukunft schon beim »Knurren« gar nicht erst an das Hosenbein gehen. Das ist auch genau unser Ziel. Wir wollen über unsere Stimme und nicht über Körpereinwirkungen den Hund lenken.

Der Hund muss unsere »Lass sein!«-Stimme kennen und respektieren. Dabei dürfen wir nicht vergessen, nach dem »Knurren« zu überprüfen, ob der Hund mit uns wieder verbunden ist. Wir rufen ihn zu uns oder gehen mit ihm, mehrmals die Richtung wechselnd. Folgt der kleine Hund uns nach und zeigt sich wie immer, dann hat er uns richtig verstanden.

Manchmal musste ich die Erfahrung machen, dass meine Schüler das Festhalten des Hundes in der eben beschriebenen Form als sehr wirkungsvoll erkannten und dies nun täglich bei jeder Kleinigkeit mehrmals anwendeten.

Die Folge dieser häufigen Einwirkungen war, dass die jungen Hunde ängstlich wurden und versuchten, vor ihren Menschen auszuweichen. Manchmal jedoch begannen sie sich zu wehren und reagierten aggressiv. Je älter die Hunde wurden, desto heftiger wurden die Abwehraggressionen. Diese Hunde lernten regelrecht, mit ihrem Menschen ernsthaft zu kämpfen. So wurde ein Problem geschaffen, statt es zu beseitigen.

Beobachten wir die Hunde untereinander, so stellen wir fest, dass der erwachsene Hund nur den sehr respektlosen Welpen festhält. Eine einmalige Lektion genügt, um den Welpen deutlich zurecht zu weisen. Nach so einer körperlichen Zurechtweisung reichen die Körpersprache und ein eventuell hinzugefügtes Knurren aus, um das Verhalten des anderen zu regulieren.

Genau das gilt auch für uns Menschen. Nach einer einzigen körperlichen Einwirkung, verbunden mit unserer »Lass sein!«-Stimme, muss in Zukunft diese Stimme genügen, um den Hund seine Grenzen zu zeigen.

Zwei Beispiele: Meine kleine, 4 Monate alte Schäferhündin begrüßte meine Jagdhündin sehr aufdringlich und konnte nicht damit aufhören. Die Jagdhündin knurrte (»Lass das!«), die Schäferhündin zog sich kurz zurück und leckte ihr gleich wieder die Lefzen. Die Jagdhündin knurrte lauter und zeigte die Zähne. Die kleine Hündin schien sie nicht ernst zu nehmen und ließ sich nicht beeindrucken. Jetzt griff sich die erwachsene Hündin die Kleine, die zu Boden fiel und hielt den Hals im Fang. Ein erbärmliches Geschrei folgte. Die Jagdhündin hielt die kleine Hündin, bis sie aufhörte zu schreien und ohne sich zu rühren am Boden lag. Dann ließ sie sie los und entfernte sich langsam.

Diese Lektion war die erste und einzige, die sie der kleinen Schäferhündin je erteilte. Seitdem wurde ihr von der Hündin absoluter Respekt gezollt. Es gab nie wieder eine körperliche Zurechtweisung. Die beiden Hündinnen leben harmonisch miteinander, wobei die Schäferhündin – inzwischen erwachsen – die Jagdhündin stets respektiert.

Meine kleine, 3,5 Monate alte Husky-Hündin fand im Wald festgefrorene Pferdeäpfel. Genüsslich versuchte sie, diese zu verspeisen. Ich ging freundlich zu ihr hin, streichelte sie zunächst und signalisierte ihr, dass ich mit ihr Kontakt haben wollte. Die Hündin interessierte dies wenig, denn sie fraß weiter. Jetzt fasste ich mit der flachen Hand unter ihr Kinn und hinderte sie somit am Weiterfressen. Empört wehrte sich die kleine Hündin und versuchte, mich zu beißen. Daher musste ich sie im Fell an der Kehle und mit der anderen Hand hinter dem Kopf halten, damit sie mich nicht beißen konnte. Dazu »knurrte« ich: »Lass das!«. Sie begann erbärmlich zu jaulen. Trotzdem hielt ich sie ganz ruhig fest. Sie wehrte sich wieder aktiv gegen das Festhalten. Ich »knurrte«: »Lass das!«, und gab nicht nach. Ruhig hielt ich sie fest. Auf einmal hörte sie auf zu jaulen, wurde ganz ruhig und setzte sich. Langsam ließ ich sie los, ging ein paar Schritte rückwärts und forderte sie mit einer Geste auf, zu mir zu kommen. Freundlich kam sie, als sei nichts gewesen und folgte mir nach.

Eine Weile später ging ich zu den Pferdeäpfeln zurück. Die Hündin hielt kurz an, schaute mich an und ging anstandslos vorbei. Natürlich lobte ich sie sehr und wir gingen harmonisch zusammen nach Hause. Am nächsten Tag spazierten wir wieder an dieser verführerischen »Delikatesse« vorbei. Die Hündin hielt an, schaute nach mir, ich antwortete: »Lass das!«, und die Hündin ging weiter, als habe sie sich noch nie für derartiges Futter interessiert.

Es war für mich beeindruckend, mit welcher Selbstverständlichkeit sich die kleine Hündin seit dieser kleinen Auseinandersetzung nach mir richtete und mir ihre Zuneigung zeigte. Es schien mir, als wollte sie mir sagen: »Jetzt weiß ich, was du meinst. Jetzt verstehen wir uns.« Diese Verbundenheit blieb für immer bestehen, obwohl ich sie mit 18 Wochen wieder an den Züchter zurückgeben musste und sie nur selten wiedergesehen habe.

Alle von mir großgezogenen Welpen wurden im Stadium der Eroberung der Umwelt und zumeist bis zur 12. Lebenswoche von meinen erwachsenen Hunden einmal, höchstens ein zweites Mal in der beschriebenen Weise zurechtgewiesen. Dies genügte, um den Respekt vor dem Erwachsenen zu sichern. Diese Achtung vor dem anderen wurde auch nicht in Frage gestellt, wenn die Welpen in der Gemeinschaft verblieben.

Die Hunde zeigten ihre Überlegenheit über die Körpersprache, die von dem Unterlegenen fraglos akzeptiert wurde. Zweimal erlebte ich, dass eine junge, rangniedrige Hündin eine alt gewordene, ranghohe Hündin, die körperlich nicht mehr so wendig war, provozierend »rempelte«. Der alte Hund wollte die junge, erwachsene Hündin zurechtweisen und fiel dabei um. Dies nahm die im Rang unterlegene Hündin zum Anlass anzugreifen, um sich scheinbar zu wehren. Jetzt ging es um die Gleichrangigkeit. Der alte Hund konnte nicht mehr kontern, wollte aber zurechtweisen. Die junge Hündin sah ihre Chance. In diesen beiden Fällen griff ich ein und wies den jungen, erwachsenen Hund mit meiner »Knurrstimme« zurecht. Das wirkte. Ein paar Mal musste ich noch aufpassen und vorwarnend sagen: »Lass das!«. Dann wurde die alte Hündin für immer in Ruhe gelassen.

Wir können feststellen, dass Welpen in der Zeit der Eroberung der Umwelt und vor allen Dingen bis etwa zum Alter von 12 Lebenswochen gelernt haben, wie sie sich erwachsenen Hunden gegenüber zu verhalten haben. Gegenseitiger Respekt, der über die Körpersprache gefordert und ebenso über die Körpersprache beantwortet wird, ist die Grundlage für das Zusammenleben in der Gemeinschaft. Eine einzige körperliche Zurechtweisung genügt meist, um die absolute Grenze zwischen dem erwachsenen und dem jungen Hund zu setzen.

Diese von den erwachsenen Hunden vorgegebene Art, mit Welpen umzugehen, können wir Menschen ohne Weiteres übernehmen. Wir können sie sogar bei solchen Handlungen anwenden, die unter Hunden nie als unerwünscht empfunden würden.

▶ Auf einen Blick!

Die Korrektur unerwünschten Verhaltens

Hunde müssen lernen, ihren Menschen als Sozialpartner anzuerkennen und ihn zu respektieren. Der Welpe nimmt den Menschen von vorneherein als Überlegenen an, so wie er auch den erwachsenen Hund als Überlegenen ansieht. Daher sollten wir Menschen von negativen körperlichen Einwirkungen absehen, um unsere natürliche Überlegenheit nicht zu verspielen.

Bis etwa zur 12. Lebenswoche sollte der kleine Hund gelernt haben, die liebevolle, wohltönende Stimme von der »Knurr-« oder »Lass sein!«-Stimme zu unterscheiden.

Nach einem »Lass sein!« sollte immer überprüft werden, ob der Welpe verstanden hat und sich danach wieder wie immer mit seinem Menschen arrangieren kann. Das wird mit zwei kleinen Aufgaben für den Welpen getestet, damit dann das »Gespräch« freundlich beendet werden kann. Ist er nicht bereit, sich wieder seinem Menschen aufmerksam zuzuwenden, muss der Mensch so lange konsequent auf der Erfüllung der Aufgaben bestehen, bis er die Aufmerksamkeit erhält und das Ende des »Gesprächs« setzen kann.

Wir erinnern uns: »Der Mensch muss das Gespräch beenden und nicht der Hund.«

»Wer A sagt, muss auch B sagen.«

Das Festhalten des Hundes am Hals wird nur angewendet, wenn der Hund uns attackiert oder uns abwehrt. Dies darf keine Daueranwendung sein, sondern muss, mit der »Lass sein«-Stimme gekoppelt, ein einmaliger Eingriff sein. Die »Lass sein«-Stimme muss in Zukunft zur Korrektur genügen. Um der Stimme Nachdruck zu verleihen, können wir mit einer schnellen Bewegung auf den Hund zugehen. Schenkt uns der Hund die gewünschte Aufmerksamkeit, wird die Spannung mit ein paar Rückwärtsschritten wieder gelöst und danach wie immer das »Gesprächsende« gesetzt.

Eine »Bestrafung« des Hundes gibt es nicht, da der Hund beim Erlernen von »unhundlichen« Verhaltensweisen nur das zeigen kann, was wir Menschen ihn lehrten.

Treten Probleme sozusagen im »sozialen« Bereich zwischen Hund und Mensch auf, liegen beim Welpen im Stadium der Eroberung der Umwelt Missverständnisse vor, die dazu führen, seinen Menschen nicht zu achten.

Im Stadium des Umgangs mit der Umwelt müssen die Grenzen für den jungen Hund deutlich abgesteckt werden. Er hat bis dahin seine Umwelt entdeckt und begriffen, jetzt will er sie austesten, und wissen, wie weit er gehen kann.

In dieser Zeit sollte der Mensch in der Lage sein, seinen Hund ausschließlich mit der Stimme und seiner Körpersprache zu führen. Fragt der Hund nach seinen Grenzen, kann der Mensch mit einer starren Körperhaltung oder einer schnellen Bewegung, die auf den Hund gerichtet ist und/oder der »Lass sein«-Stimme antworten.

Das ist unser »Handwerkszeug« für den Umgang mit dem Hund. Alle technischen Hilfsmittel sind absolut unnötig und führen, so wie negative Körpereinwirkungen, eher zu Problemen, anstatt sie zu lösen.

Auch wenn die Probleme gelöst worden zu sein scheinen, können Hunde lange kompensieren und zeigen dann plötzlich Auffälligkeiten. Diese sind zunächst unerklärlich und stehen doch im Zusammenhang mit für den Hund unverständlichen Erziehungsmaßnahmen, die er nie wirklich begreifen konnte.

Service

Service

Verständigungsmittel

▶ **Lob für erwünschtes Verhalten**

Ein Beispiel: Unser Welpe setzt sich von selbst und schenkt uns seine Aufmerksamkeit. Dafür wird er von uns belohnt. Daraufhin entscheidet der Welpe seine Handlung, also das aufmerksame Hinsetzen, zu wiederholen. Er ist positiv gestimmt und führt diese Handlung freudig aus.

Die positive Erwartungshaltung ist die Grundlage für unser Training mit dem Hund.

DAS »EINFACHE« LOB ▶ Das Lob setzt sich aus zwei Komponenten in festgelegter Reihenfolge zusammen: 1. das Schenken der Individualdistanz, 2. das Lob mit der Stimme.

Vorgang: Zwei Schritte schräg vom Hund weg, die Hände entspannt am Körper (Schenken der Individualdistanz). Dann das Lob mit der Stimme: »So bist du brav!«.
Zwei Schritte zum Hund hin und dabei die sprechende Hand in Brusthöhe (hohe Aufmerksamkeit des Welpen). Die Frage »Was machen wir jetzt?« hält die gespannte Aufmerksamkeit. Die Antwort: »Jetzt bist du frei!« wird mit einer deutlichen Geste und zwei Schritten vom Hund weg gegeben. Das ist die Entspannung und das »Gesprächsende«.

DAS »GROSSE LOB« ▶ Das »große Lob« setzt sich aus drei Komponenten in festgelegter Reihenfolge zusammen: 1. das Schenken der Individualdistanz, 2. das Lob mit der Stimme, 3. zusätzlich eine Belohnung (Leckerchen).

Vorgang: a) Zwei Schritte schräg vom Hund weg, die Hände entspannt am Körper (Schenken der Individualdistanz).
b) Dann das Lob mit der Stimme: »So bist du brav!«.
c) Wir greifen in die Tasche und holen ein Leckerchen heraus.
d) Wir gehen wieder zum Hund und halten in der »sprechenden« Hand in Brusthöhe die besondere Belohnung.
e) Die Frage: »Möchtest du es haben?« hält wieder die gespannte Aufmerksamkeit. Als Antwort bekommt er das Leckerchen.
Wir erinnern uns: Der Hund bekommt

sein Leckerchen, *weil* er etwas gut gemacht hat, nicht *damit* er eine Handlung ausführt!

f) Während der Hund sein Leckerchen genießt, gehen wir wieder zwei Schritte schräg vom Hund weg (wir geben ihm wieder seine Individualdistanz).

g) Der Hund hat sein Leckerchen gefressen. Jetzt gehen wir wieder auf ihn zu, nehmen dabei unsere Hand wieder in Brusthöhe und fragen den Hund: »Was machen wir jetzt?« (Der Hund ist wieder äußerst aufmerksam.)

h) Dann kommt das »Gesprächsende«: »Jetzt bist du frei!« (Der Hund darf wieder »Hund« sein.)

Belohnen wir zusätzlich mit einem Leckerchen, so haben wir Menschen nochmals eine Übungsmöglichkeit für das Schenken der Individualdistanz. Auch wir Menschen müssen im Umgang mit dem Hund bestimmte Verhaltensweisen ritualisieren und zur Gewohnheit werden lassen.

Wenn wir diese Übung korrekt ausführen und auf diese Weise die Aufmerksamkeit des Hundes positiv trainieren, haben wir eine Grundlage in der Verständigung mit dem Hund geschaffen, die weit über die Hälfte des gesamten Trainingsprogramms hinausgeht. Selbstverständlich können wir auch anstatt eines Leckerchens ein Spielzeug aus der Tasche nehmen, zum Hund gehen und fragen, ob er es möchte.

Das tatsächliche Lob ist das Schenken der Individualdistanz. Möchten wir unserem Hund noch ein zusätzliches »Dankeschön« sagen, geben wir ihm ein Leckerchen oder ein Spielzeug. Auch das Setzen des »Gesprächsendes« ist als Belohnung zu sehen. Es gibt durchaus Hunde, die kein Leckerchen wollen oder kein Interesse an Spielzeug haben.

Meine Dingos hätten mich »ausgelacht«, wenn ich ihnen ein Spielzeug angeboten hätte.

▶ ## Beeinflussung unerwünschten Verhaltens

Der Welpe lernt bis zum Alter von 12 Wochen, die Stimme zu unterscheiden und weiß bis dahin, was die wohlwollende und die »knurrende« Stimme bedeutet.

a) Die »negativen« Hörzeichen :
▶ »Lass das!«
▶ »Schluss jetzt!«
▶ »Hör auf damit!«
b) Die »negativen« Sichtzeichen:
▶ starres, unbewegliches Stehen mit abwehrender Handhaltung,
▶ schnelle Bewegungen auf den Hund zu,
▶ frontal auf den Hund zugehen,
▶ frontales Stehen vor dem Hund,
▶ frontales Beugen über den Hund,
▶ schnelle, eckige Bewegungen der Hand.

▶ ### Hörzeichen auf einen Blick!

▶ »Leg dich!« oder »Legen, mein Hund!«
▶ »Setz dich!« oder »Sitzen, mein Hund!«
▶ »Zu mir!« oder »Komm her zu mir!«
▶ »Bleiben!« oder »Bleiben, mein Hund!«
▶ »Warten!« oder »Warten, mein Hund!«
▶ »Wir kehren um!«
▶ »Wir gehen hier!«
▶ »Wir gehen weiter!«
▶ »Jetzt bist du frei!«

Sichtzeichen auf einen Blick!

1 Aufmerksamkeit	4 Bleiben,	8 Warten,	11, 12 Richtungs-
2 Hinlegen,	5, 6, 7 »Komm	9 Umkehren,	wechsel,
3 Sitzen,	her zu mir!«,	10 »Wir gehen weiter!«,	13 »Jetzt bist du frei!«.

1 Vor einem neuen Sichtzeichen benötigen wir die Aufmerksamkeit des Hundes (Deutsche Schäferhündin, 1 Jahr).

2 »Leg dich, mein Hund!«

3 »Sitzen, mein Hund!«

4 »Bleiben, mein Hund!« Der Hund sieht seinen Menschen an.

5 »Komm her zu mir!«

6 und 7 Kommt der Hund aus der Entfernung, so laufen wir auch ein Paar Schritte (seitlich). Wir zeigen die Handinnenfläche und heben den Arm, kurz bevor der Hund in gleicher Höhe mit uns ist und bleiben stehen. Er wird ohne Aufforderung anhalten und sich setzen.

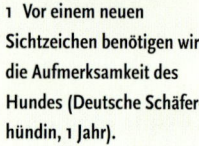

8 »Warten, mein Hund!« Der Mensch bleibt stehen, bevor er das Hör- und Sichtzeichen für »Warten!« gibt. Der Hund hört vorerst nur das Hörzeichen. Erst wenn er selbst stehen bleibt und sich umsieht, erblickt er das Sichtzeichen. Nach dem Warten gehen wir entweder zum Hund hin (siehe Bild 1) oder vom Hund weg (siehe Bild 9)

9 Durch das Ansprechen des Hundes mit Namen erhalten wir seine Aufmerksamkeit. Es folgt eine große Bewegung in die Gegenrichtung: Wir kehren um.

10 Wir gehen weiter.

11 und 12 Je nachdem in welche Richtung wir gehen, wird immer *die* Hand führen, die der Hund problemlos sehen kann. Gehen wir nach rechts, führt die rechte Hand und umgekehrt.

13 Jetzt bist du frei.

▶ ## Nachwort und Dank

Wer Verhalten von Tieren interpretieren will, muss lernen, genau zu beobachten. Die Beobachtungen werden gesammelt, fixiert und ausgewertet. Die spannendste Frage ist, ob die Beobachtungen eindeutige Schlussfolgerungen zulassen. Der schwierigste Punkt dabei ist jedoch die richtige Interpretation der Ergebnisse. Erst wenn sich aus den Schlussfolgerungen Gesetze herauskristallisieren, die bei erneuten Beobachtungen (mit anderen Hunden und in anderen Situationen) immer wieder auftreten, können wir annehmen, dass wir das Verhalten richtig beurteilt haben.

Nach etwa 25 Jahren intensivster, gezielter Beobachtung an Welpen, Junghunden und erwachsenen Hunden ist es mir gelungen, Gesetze herauszufinden, die das Verhalten der Hunde untereinander regeln. Mein Hauptanliegen bei diesen aufwendigen Verhaltensbeobachtungen war es, Wege zu finden, wie wir Menschen lernen können, mit dem – wahrscheinlich ältesten Haustier – Hund so umzugehen, dass der Hund seinen Freund Mensch verstehen und sich eine echte Freundschaft entwickeln kann.

Viele Freunde und Bekannte haben mir geholfen diese Beobachtungen an den verschiedenen Rassen durchzuführen. Für das geschenkte Vertrauen möchte ich mich an dieser Stelle ganz herzlich bedanken. Besonderer Dank gilt meiner Fotografin, Gerlinde Grüner, die immer Zeit gefunden hat, die oft schwierigen Aufnahmen zu erstellen. Ebenso danke ich meiner Familie, die geduldig und liebevoll meine vielen Hunde akzeptiert hat und, wenn Not am Mann war, eingesprungen ist.

► **Zum Weiterlesen**

Abrantes, R.: The Evolution of Canine Social Behaviour. Wakan Tanka Publishers: Naperville, 1997.

Abrantes, R.: Dog Language: Encyclopedia of Canine Behaviour. Wakan Tanka Publishers: Naperville, 1997.

Burton, J. und Allaby, M.: Tagebuch einer Hundefamilie. Stuttgart, 1989.

Böhm, A. und Hoy, S.: Zum Einfluss endogener und exogener Faktoren auf die Lebendmasseentwicklung von Hundewelpen (Rasse Beagle). S. 268 – 274 in »Praktischer Tierarzt«, Jahrgang 80, Heft 4, 1999.

Böhm, A. und Hoy, S.: Zum Einfluss verschiedener Faktoren auf die Häufigkeit der Verluste bei Hundewelpen (Rasse Beagle). S. 856 – 865 in »Praktischer Tierarzt«, Jahrgang 80, Heft 10, 1999.

Hassenstein, B.: Instinkt, Lernen, Spielen, Einsicht. München, 1980.

Krämer, E.: Der Kosmos-Hundeführer. Stuttgart, 1991.

Masson, J.M.: Hunde lügen nicht. München, 1997.

Räber, H.: Enzyklopädie der Hunderassen. Band 1 und 2. Stuttgart, 1993.

Rensch, B.: Gedächtnis, Begriffsbildung und Planhandlung bei Tieren. Hamburg, 1973.

Schoke, A. Th.: Herdenschutzhunde. Berlin, 2000.

Scott, J.P. und Fuller, J.L.: Dog Behaviour. The Genetic Basis. Phoeniz Edition, 1974.

Sonnenschmidt, R.: Heilende Hände für Tiere. Stuttgart, 1999.

Trumler, E.: Ein Hund wird geboren. München, 1982.

Venzl, E.: Verhaltensentwicklung und Wesensmerkmale bei der Hunderasse Beagle. München: Inaugural-Dissertation, 1990.

► **Register**

Fotos von Gerlinde Grüner außer: Hanne Dahl (S. 23 oben links), Gudrun Feltmann-v. Schroeder (4 Fotos auf S. 35), Gerd Köhler (S. 30 oben links), Frau Mottel (S. 19), E. Reusch (S. 36 oben), Elke Riedel (S. 29 unten rechts, 85 unten), Birgit Simon (S. 21 oben, 34, 36 unten), Birgit Zrennes (S. 115).

Umschlaggestaltung von eStudio Calamar unter Verwendung von drei Fotos von Christof Salata/ Kosmos (Hauptmotiv), H. Loerzer (Autorenbild) und Gerlinde Grüner (Rückseite).

Mit 187 Farbfotos.

Die Deutsche Bibliothek – CIP-Einheitsaufnahme
Ein Titelsatz für diese Publikation ist bei
Der Deutschen Bibliothek erhältlich.

Von Gudrun Feltmann sind außerdem folgende Videos erschienen: »Der Gute Start« (das Video zum Buch) und »Die Kunst mit dem Hund zu reden«. Beide Videos können über die Autorin bezogen werden.
Tel. 09 21 / 74 10 70
Fax 09 21 / 74 10 71

Alle Angaben in diesem Buch erfolgen nach bestem Wissen und Gewissen. Sorgfalt bei der Umsetzung ist indes dennoch geboten. Der Verlag und die Autorin übernehmen keinerlei Haftung für Personen-, Sach- oder Vermögensschäden, die aus der Anwendung der vorgestellten Materialien und Methoden entstehen könnten.

© 2000, Franckh-Kosmos Verlags-GmbH & Co., Stuttgart
Alle Rechte vorbehalten
ISBN 3-440-08003-X
Lektorat: Angela Beck
Grundlayout: Friedhelm Steinen-Broo, eStudio Calamar
Satz und Layout: TypoDesign, Radebeul
Printed in Czech Republic / Imprimé en République tchèque
Druck und Binden: Těšínská Tiskárna, a. s., Českỳ Těšín

Informationen senden wir Ihnen gerne zu

Bücher · Kalender · Spiele Experimentierkästen · CDs · Videos

Natur · Garten & Zimmerpflanzen · Heimtiere · Pferde & Reiten · Astronomie · Angeln & Jagd · Eisenbahn & Nutzfahrzeuge · Kinder & Jugend

KOSMOS

Postfach 10 60 11
D-70049 Stuttgart
TELEFON +49 (0)711-2191-0
FAX +49 (0)711-2191-422
WEB www.kosmos.de
E-MAIL info@kosmos.de

InfoLine

GUDRUN FELTMANN — V.SCHROEDER

ist es gelungen, mit ihren über Jahre erfolgten Verhaltensstudien an Welpen, Dingos und erwachsenen Hunden Erziehungswege zu finden, die der Hund versteht. Eine Methode, mit der ein Hund zum Familien-, Rettungs- und Jagdhund ausgebildet und auf die Aufgabe als Blinden- oder Therapiehund vorbereitet werden kann.

Sie hält Vorträge im In- und Ausland und hat das Video

Die Kunst, mit dem Hund zu reden veröffentlicht.

Sie können sich mit Ihren Fragen und Problemen zur Welpenerziehung an Gudrun Feltmann-von Schroeder wenden. Schreiben Sie an die »Hunde-Infoline« (bitte mit Rückporto):

**Kosmos Verlag
»Hunde-InfoLine«
Postfach 10 60 11
D - 70049 Stuttgart**